RUSSISCH

WOORDENSCHAT

THEMATISCHE WOORDENLIJST

NEDERLANDS
RUSSISCH

De meest bruikbare woorden
Om uw woordenschat uit te breiden en
uw taalvaardigheid aan te scherpen

7000 woorden

Thematische woordenschat Nederlands-Russisch - 7000 woorden

Door Andrey Taranov

Woordenlijsten van T&P Books zijn bedoeld om u woorden van een vreemde taal te helpen leren, onthouden, en bestudering. Dit woordenboek is ingedeeld in thema's en behandelt alle belangrijk terreinen van het dagelijkse leven, bedrijven, wetenschap, cultuur, etc.

Het proces van het leren van woorden met behulp van de op thema's gebaseerde aanpak van T&P Books biedt u de volgende voordelen:

- Correct gegroepeerde informatie is bepalend voor succes bij opeenvolgende stadia van het leren van woorden
- De beschikbaarheid van woorden die van dezelfde stam zijn maakt het mogelijk om woordgroepen te onthouden (in plaats van losse woorden)
- Kleine groepen van woorden faciliteren het proces van het aanmaken van associatieve verbindingen, die nodig zijn bij het consolideren van de woordenschat
- Het niveau van talenkennis kan worden ingeschat door het aantal geleerde woorden

T&P Books Publishing
www.tpbooks.com

ISBN: 978-1-78492-320-4

Dit boek is ook beschikbaar in e-boek formaat.
Gelieve www.tpbooks.com te bezoeken of de belangrijkste online boekwinkels.

RUSSISCHE WOORDENSCHAT
nieuwe woorden leren

T&P Books woordenlijsten zijn bedoeld om u te helpen vreemde woorden te leren, te onthouden, en te bestuderen. De woordenschat bevat meer dan 7000 veel gebruikte woorden die thematisch geordend zijn.

- De woordenlijst bevat de meest gebruikte woorden
- Aanbevolen als aanvulling bij welke taalcursus dan ook
- Voldoet aan de behoeften van de beginnende en gevorderde student in vreemde talen
- Geschikt voor dagelijks gebruik, bestudering en zelftestactiviteiten
- Maakt het mogelijk om uw woordenschat te evalueren

Bijzondere kenmerken van de woordenschat

- De woorden zijn gerangschikt naar hun betekenis, niet volgens alfabet
- De woorden worden weergegeven in drie kolommen om bestudering en zelftesten te vergemakkelijken
- Woorden in groepen worden verdeeld in kleine blokken om het leerproces te vergemakkelijken
- De woordenschat biedt een handige en eenvoudige beschrijving van elk buitenlands woord

De woordenschat bevat 198 onderwerpen zoals:

Basisconcepten, getallen, kleuren, maanden, seizoenen, meeteenheden, kleding en accessoires, eten & voeding, restaurant, familieleden, verwanten, karakter, gevoelens, emoties, ziekten, stad, dorp, bezienswaardigheden, winkelen, geld, huis, thuis, kantoor, werken op kantoor, import & export, marketing, werk zoeken, sport, onderwijs, computer, internet, gereedschap, natuur, landen, nationaliteiten en meer …

INHOUDSOPGAVE

UITSPRAAKGIDS

T&P fonetisch alfabet	Russisch voorbeeld	Nederlands voorbeeld

Medeklinkers

[b]	абрикос [abrikós]	hebben
[d]	квадрат [kvadrát]	Dank u, honderd
[f]	реформа [refórma]	feestdag, informeren
[g]	глина [glína]	goal, tango
[ʒ]	массажист [masaʒíst]	journalist, rouge
[j]	пресный [présnij]	New York, januari
[h], [x]	мех, Пасха [méh], [pásxa]	het, herhalen
[k]	кратер [krátcr]	kennen, kleur
[l]	лиловый [lilóvij]	delen, luchter
[m]	молоко [molokó]	morgen, etmaal
[n]	нут, пони [nút], [póni]	nemen, zonder
[p]	пират [pirát]	parallel, koper
[r]	ручей [rutʃéj]	roepen, breken
[s]	суслик [súslik]	spreken, kosten
[t]	тоннель [tɔnélʲ]	tomaat, taart
[ʃ]	лишайник [liʃájnik]	shampoo, machine
[tʃ]	врач, речь [vrátʃ], [rétʃʲ]	Tsjechië, cello
[ts]	кузнец [kuznéts]	niets, plaats
[ʃʲ]	мощность [móʃnostʲ]	Chicago, jasje
[v]	молитва [molítva]	beloven, schrijven
[z]	дизайнер [dizájner]	zeven, zesde

Aanvullende symbolen

[ʲ]	дикарь [dikárʲ]	palatalisatie teken
[·]	автопилот [afto·pilót]	hoge punt
[ˈ]	заплата [zapláta]	hoofdklemtoon

Beklemtoonde klinkers

[á]	платье [plátje]	acht
[é]	лебедь [lébetʲ]	delen, spreken
[ø]	шахтёр [ʃahtǿr]	New York, jongen
[i]	организм [ɔrganízm]	bidden, tint
[ó]	роспись [róspisʲ]	overeenkomst
[ú]	инсульт [insúlʲt]	hoed, doe

T&P fonetisch alfabet	Russisch voorbeeld	Nederlands voorbeeld
[ī]	добыча [dɔbĭʧa]	iemand, die
[ǽ]	полиэстер [pɔliǽstɛr]	Nederlands Nedersaksisch - dät, Engels - cat
[ˈú], [jú]	салют, юг [salʲúʧ] [júg]	jullie, aquarium
[ˈá], [já]	связь, я [svʲásʲ], [ˈá]	januari, jaar

Onbeklemtoonde klinkers

[a]	гравюра [grɑvʲúrɑ]	neutrale klinker, vergelijkbaar met een sjwa [ə]
[e]	кенгуру [kengurú]	neutrale klinker, vergelijkbaar met een sjwa [ə]
[ə]	пожалуйста [pɔʒɛləsta	formule, wachten
[i]	рисунок [risúnɔk]	bidden, tint
[ɔ]	железо [ʒelézɔ]	neutrale klinker, vergelijkbaar met een sjwa [ə]
[u]	вирус [vírus]	hoed, doe
[i]	первый [pérvij]	iemand, die
[ɛ]	аэропорт [ɛɛrɔpɔ́rt]	elf, zwembad
[ˈu], [ju]	брюнет [brʲunét]	jullie, aquarium
[i], [ji]	заяц, язык [záiʦ], [jɪzĩk]	neutrale klinker, vergelijkbaar met een sjwa [ə]
[ˈa], [ja]	няня, копия [nʲárʲa], [kɔ́pija]	januari, jaar

AFKORTINGEN
gebruikt in de woordenschat

Nederlandse afkortingen

abn	-	als bijvoeglijk naamwoord
bijv.	-	bijvoorbeeld
bn	-	bijvoeglijk naamwoord
bw	-	bijwoord
enk.	-	enkelvoud
enz.	-	enzovoort
form.	-	formele taal
inform.	-	informele taal
mann.	-	mannelijk
mil.	-	militair
mv.	-	meervoud
on.ww.	-	onovergankelijk werkwoord
ontelb.	-	ontelbaar
ov.	-	over
ov.ww.	-	overgankelijk werkwoord
telb.	-	telbaar
vn	-	voornaamwoord
vrouw.	-	vrouwelijk
vw	-	voegwoord
vz	-	voorzetsel
wisk.	-	wiskunde
ww	-	werkwoord

Nederlandse artikelen

de	-	gemeenschappelijk geslacht
de/het	-	gemeenschappelijk geslacht, onzijdig
het	-	onzijdig

Russische afkortingen

возв	-	reflexief werkwoord
ж	-	vrouwelijk zelfstandig naamwoord
ж мн	-	vrouwelijk meervoud
м	-	mannelijk zelfstandig naamwoord
м мн	-	mannelijk meervoud

м, ж	-	mannelijk, vrouwelijk
мн	-	meervoud
н/пх	-	onovergankelijk, overgankelijk werkwoord
н/св	-	perfectief/imperfectief
нпх	-	onovergankelijk werkwoord
нсв	-	imperfectief
пх	-	overgankelijk werkwoord
с	-	onzijdig
с мн	-	onzijdig meervoud
св	-	perfectief

BASISBEGRIPPEN

Basisbegrippen Deel 1

1. Voornaamwoorden

ik	я	[já]
jij, je	ты	[tĭ]
hij	он	[ón]
zij, ze	она	[ɔná]
het	оно	[ɔnó]
wij, we	мы	[mĭ]
jullie	вы	[vĭ]
zij, ze	они	[ɔní]

2. Begroetingen. Begroetingen. Afscheid

Hallo! Dag!	Здравствуй!	[zdrástvuj]
Hallo!	Здравствуйте!	[zdrástvujte]
Goedemorgen!	Доброе утро!	[dóbrɔe útrɔ]
Goedemiddag!	Добрый день!	[dóbrij dénʲ]
Goedenavond!	Добрый вечер!	[dóbrij vetʃer]
gedag zeggen (groeten)	здороваться (нсв, возв)	[zdɔróvatsa]
Hoi!	Привет!	[privét]
groeten (het)	привет (м)	[privét]
verwelkomen (ww)	приветствовать (нсв, пх)	[privétstvɔvatʲ]
Is er nog nieuws?	Что нового?	[ʃtó nóvɔvɔ?]
Dag! Tot ziens!	До свидания!	[dɔ svidánija]
Tot snel! Tot ziens!	До скорой встречи!	[dɔ skórɔj fstrétʃi]
Vaarwel! (inform.)	Прощай!	[prɔʃʲáj]
Vaarwel! (form.)	Прощайте!	[prɔʃʲájte]
afscheid nemen (ww)	прощаться (нсв, возв)	[prɔʃʲátsa]
Tot kijk!	Пока!	[pɔká]
Dank u!	Спасибо!	[spasíbɔ]
Dank u wel!	Большое спасибо!	[bɔlʲʃóe spasíbɔ]
Graag gedaan	Пожалуйста	[pɔʒálesta]
Geen dank!	Не стоит благодарности	[ne stóit blagɔdárnɔsti]
Geen moeite.	Не за что	[né za ʃtɔ]
Excuseer me, ... (inform.)	Извини!	[izviní]
Excuseer me, ... (form.)	Извините!	[izviníte]
excuseren (verontschuldigen)	извинять (нсв, пх)	[izvinʲátʲ]

zich verontschuldigen	извиняться (нсв, возв)	[izvinʲátsa]
Mijn excuses.	Мои извинения	[mɔí izvinénija]
Het spijt me!	Простите!	[prɔstíte]
vergeven (ww)	прощать (нсв, пх)	[prɔʃátʲ]
Maakt niet uit!	Ничего страшного	[nitʃevó stráʃnɔvɔ]
alsjeblieft	пожалуйста	[pɔʒáləsta]

Vergeet het niet!	Не забудьте!	[ne zabútʲte]
Natuurlijk!	Конечно!	[kɔnéʃnɔ]
Natuurlijk niet!	Конечно нет!	[kɔnéʃnɔ nét]
Akkoord!	Согласен!	[sɔglásen]
Zo is het genoeg!	Хватит!	[hvátit]

3. Kardinale getallen. Deel 1

nul	ноль	[nólʲ]
een	один	[ɔdín]
twee	два	[dvá]
drie	три	[trí]
vier	четыре	[tʃetī́re]

vijf	пять	[pʲátʲ]
zes	шесть	[ʃǽstʲ]
zeven	семь	[sémʲ]
acht	восемь	[vósemʲ]
negen	девять	[dévɪtʲ]

tien	десять	[désɪtʲ]
elf	одиннадцать	[ɔdínatsatʲ]
twaalf	двенадцать	[dvenátsatʲ]
dertien	тринадцать	[trinátsatʲ]
veertien	четырнадцать	[tʃetī́rnatsatʲ]

vijftien	пятнадцать	[pitnátsatʲ]
zestien	шестнадцать	[ʃɛsnátsatʲ]
zeventien	семнадцать	[semnátsatʲ]
achttien	восемнадцать	[vɔsemnátsatʲ]
negentien	девятнадцать	[devitnátsatʲ]

twintig	двадцать	[dvátsatʲ]
eenentwintig	двадцать один	[dvátsatʲ ɔdín]
tweeëntwintig	двадцать два	[dvátsatʲ dvá]
drieëntwintig	двадцать три	[dvátsatʲ trí]

dertig	тридцать	[trítsatʲ]
eenendertig	тридцать один	[trítsatʲ ɔdín]
tweeëndertig	тридцать два	[trítsatʲ dvá]
drieëndertig	тридцать три	[trítsatʲ trí]

veertig	сорок	[sórɔk]
eenenveertig	сорок один	[sórɔk ɔdín]
tweeënveertig	сорок два	[sórɔk dvá]
drieënveertig	сорок три	[sórɔk trí]
vijftig	пятьдесят	[pɪtʲdesʲát]

eenenvijftig	пятьдесят один	[pɪtʲdesʲát ɔdín]
tweeënvijftig	пятьдесят два	[pɪtʲdesʲát dvá]
drieënvijftig	пятьдесят три	[pɪtʲdesʲát trí]

zestig	шестьдесят	[ʃɛstʲdesʲát]
eenenzestig	шестьдесят один	[ʃɛstʲdesʲát ɔdín]
tweeënzestig	шестьдесят два	[ʃɛstʲdesʲát dvá]
drieënzestig	шестьдесят три	[ʃɛstʲdesʲát trí]

zeventig	семьдесят	[sémʲdesɪt]
eenenzeventig	семьдесят один	[sémʲdesɪt ɔdín]
tweeënzeventig	семьдесят два	[sémʲdesɪt dvá]
drieënzeventig	семьдесят три	[sémʲdesɪt trí]

tachtig	восемьдесят	[vósemʲdesɪt]
eenentachtig	восемьдесят один	[vósemʲdesɪt ɔdín]
tweeëntachtig	восемьдесят два	[vósemʲdesɪt dvá]
drieëntachtig	восемьдесят три	[vósemʲdesɪt trí]

negentig	девяносто	[devɪnóstɔ]
eenennegentig	девяносто один	[devɪnóstɔ ɔdín]
tweeënnegentig	девяносто два	[devɪnóstɔ dvá]
drieënnegentig	девяносто три	[devɪnóstɔ trí]

4. Kardinale getallen. Deel 2

honderd	сто	[stó]
tweehonderd	двести	[dvésti]
driehonderd	триста	[trísta]
vierhonderd	четыреста	[ʧetíresta]
vijfhonderd	пятьсот	[pɪtʲsót]

zeshonderd	шестьсот	[ʃɛstʲsót]
zevenhonderd	семьсот	[semʲsót]
achthonderd	восемьсот	[vɔsemʲsót]
negenhonderd	девятьсот	[devɪtʲsót]

duizend	тысяча	[tïsɪʧa]
tweeduizend	две тысячи	[dve tïsɪʧi]
drieduizend	три тысячи	[trí tïsɪʧi]
tienduizend	десять тысяч	[désɪtʲ tïsʲaʧ]
honderdduizend	сто тысяч	[stó tïsɪʧ]
miljoen (het)	миллион (м)	[milión]
miljard (het)	миллиард (м)	[miliárd]

5. Getallen. Breuken

breukgetal (het)	дробь (ж)	[drópʲ]
half	одна вторая	[ɔdná ftɔrája]
een derde	одна третья	[ɔdná trétja]
kwart	одна четвёртая	[ɔdná ʧetvɵrtaja]
een achtste	одна восьмая	[ɔdná vɔsʲmája]

een tiende	одна десятая	[ɔdná desʲátaja]
twee derde	две третьих	[dve trétjih]
driekwart	три четвёртых	[trí tʃetvɵ́rtih]

6. Getallen. Eenvoudige berekeningen

aftrekking (de)	вычитание (c)	[vitʃitánie]
aftrekken (ww)	вычитать (нсв, пх)	[vitʃitátʲ]
deling (de)	деление (c)	[delénie]
delen (ww)	делить (нсв, пх)	[delítʲ]

optelling (de)	сложение (c)	[slɔʒǽnie]
erbij optellen	сложить (св, пх)	[slɔʒítʲ]
(bij elkaar voegen)		
optellen (ww)	прибавлять (нсв, пх)	[pribavlʲátʲ]
vermenigvuldiging (de)	умножение (c)	[umnɔʒǽnie]
vermenigvuldigen (ww)	умножать (нсв, пх)	[umnɔʒátʲ]

7. Getallen. Diversen

cijfer (het)	цифра (ж)	[tsífra]
nummer (het)	число (c)	[tʃisló]
telwoord (het)	числительное (c)	[tʃislítelʲnɔe]
minteken (het)	минус (м)	[mínus]
plusteken (het)	плюс (л)	[plʲús]
formule (de)	формула (ж)	[fórmula]
berekening (de)	вычисление (c)	[vitʃislénie]
tellen (ww)	считать (нсе, пх)	[ʃitátʲ]
bijrekenen (ww)	подсчитывать (нсв, пх)	[potʃítivatʲ]
vergelijken (ww)	сравнивать (нсв, пх)	[srávnivatʲ]

Hoeveel?	Сколько?	[skólʲkɔ?]
som (de), totaal (het)	сумма (ж)	[súmma]
uitkomst (de)	результат (л)	[rezulʲtát]
rest (de)	остаток (м)	[ɔstátɔk]

enkele (bijv. ~ minuten)	несколько	[néskolʲkɔ]
weinig (bw)	мало	[málɔ]
restant (het)	остальное (c)	[ɔstalʲnóe]
anderhalf	полтора	[pɔltɔrá]
dozijn (het)	дюжина (ж)	[dʲúʒina]
middendoor (bw)	пополам	[popolám]
even (bw)	поровну	[pórɔvnu]
helft (de)	половина (ж)	[polovína]
keer (de)	раз (м)	[rás]

8. De belangrijkste werkwoorden. Deel 1

| aanbevelen (ww) | рекомендовать (нсв, пх) | [rekɔmendɔvátʲ] |
| aandringen (ww) | настаивать нсв, нпх) | [nastáivatʲ] |

aankomen (per auto, enz.)	приезжать (нсв, нпх)	[priezzát']
aanraken (ww)	трогать (нсв, пх)	[trógat']
adviseren (ww)	советовать (нсв, пх)	[sɔvétɔvat']

afdalen (on.ww.)	спускаться (нсв, возв)	[spuskátsa]
afslaan (naar rechts ~)	поворачивать (нсв, нпх)	[pɔvɔrátʃivat']
antwoorden (ww)	отвечать (нсв, пх)	[ɔtvetʃát']
bang zijn (ww)	бояться (нсв, возв)	[bɔjátsa]
bedreigen (bijv. met een pistool)	угрожать (нсв, пх)	[ugrɔʒát']

bedriegen (ww)	обманывать (нсв, пх)	[ɔbmánivat']
beëindigen (ww)	заканчивать (нсв, пх)	[zakántʃivat']
beginnen (ww)	начинать (нсв, пх)	[natʃinát']
begrijpen (ww)	понимать (нсв, пх)	[pɔnimát']
beheren (managen)	руководить (нсв, пх)	[rukɔvɔdít']

beledigen (met scheldwoorden)	оскорблять (нсв, пх)	[ɔskɔrbl'át']
beloven (ww)	обещать (н/св, пх)	[ɔbeʃát']
bereiden (koken)	готовить (нсв, пх)	[gɔtóvit']
bespreken (spreken over)	обсуждать (нсв, пх)	[ɔpsuʒdát']

bestellen (eten ~)	заказывать (нсв, пх)	[zakázivat']
bestraffen (een stout kind ~)	наказывать (нсв, пх)	[nakázivat']
betalen (ww)	платить (нсв, н/пх)	[platít']
betekenen (beduiden)	означать (нсв, пх)	[ɔznatʃát']
betreuren (ww)	сожалеть (нсв, нпх)	[sɔʒilét']

bevallen (prettig vinden)	нравиться (нсв, возв)	[nrávitsa]
bevelen (mil.)	приказывать (нсв, пх)	[prikázivat']
bevrijden (stad, enz.)	освобождать (нсв, пх)	[ɔsvɔbɔʒdát']
bewaren (ww)	сохранять (нсв, пх)	[sɔhran'át']
bezitten (ww)	владеть (нсв, пх)	[vladét']

bidden (praten met God)	молиться (нсв, возв)	[mɔlítsa]
binnengaan (een kamer ~)	входить (нсв, нпх)	[fhɔdít']
breken (ww)	ломать (нсв, пх)	[lɔmát']
controleren (ww)	контролировать (нсв, пх)	[kɔntrɔlírɔvat']
creëren (ww)	создать (св, пх)	[sɔzdát']

deelnemen (ww)	участвовать (нсв, нпх)	[utʃástvɔvat']
denken (ww)	думать (нсв, н/пх)	[dúmat']
doden (ww)	убивать (нсв, пх)	[ubivát']
doen (ww)	делать (нсв, пх)	[délat']
dorst hebben (ww)	хотеть пить	[hɔtét' pít']

9. De belangrijkste werkwoorden. Deel 2

een hint geven	подсказать (св, пх)	[pɔtskazát']
eisen (met klem vragen)	требовать (нсв, пх)	[trébɔvat']
excuseren (vergeven)	извинять (нсв, пх)	[izvin'át']
existeren (bestaan)	существовать (нсв, нпх)	[suʃestvɔvát']
gaan (te voet)	идти (нсв, нпх)	[it'tí]

gaan zitten (ww)	садиться (нсв, возв)	[sadítsa]
gaan zwemmen	купаться (нсв, возв)	[kupátsa]
geven (ww)	давать (нсв, пх)	[davát']
glimlachen (ww)	улыбаться (нсв, возв)	[ulibátsa]
goed raden (ww)	отгадать (св, пх)	[ɔdgadát']

| grappen maken (ww) | шутить (нсв, нпх) | [ʃutít'] |
| graven (ww) | рыть (нсв, пх) | [rīt'] |

hebben (ww)	иметь (нсв, пх)	[imét']
helpen (ww)	помогать (нсв, пх)	[pɔmɔgát']
herhalen (opnieuw zeggen)	повторять (нсв, пх)	[pɔftɔr'át']
honger hebben (ww)	хотеть есть (нсв)	[hɔtét' ést']

hopen (ww)	надеяться (нсв, возв)	[nadéɪtsa]
horen	слышать (нсв, пх)	[slīʃat']
(waarnemen met het oor)		
huilen (wenen)	плакать (нсв, нпх)	[plákat']
huren (huis, kamer)	снимать (нсв, пх)	[snimát']
informeren (informatie geven)	информировать (н/св, пх)	[infɔrmírɔvat']

instemmen (akkoord gaan)	соглашаться (нсв, возв)	[sɔglaʃátsa]
jagen (ww)	охотиться (нсв, возв)	[ɔhótitsa]
kennen (kennis hebben	знать (нсв, пх)	[znát']
van iemand)		
kiezen (ww)	выбирать (нсв, пх)	[vibirát']
klagen (ww)	жаловаться (нсв, возв)	[ʒálɔvatsa]

kosten (ww)	стоить (нсв, пх)	[stóit']
kunnen (ww)	мочь (нсв, нпх)	[mótʃ']
lachen (ww)	смеяться (нсв, возв)	[smejátsa]
laten vallen (ww)	ронять (нсв, пх)	[rɔn'át']
lezen (ww)	читать (нсв, н/пх)	[tʃitát']

liefhebben (ww)	любить (нсв, пх)	[l'ubít']
lunchen (ww)	обедать (нсв, нпх)	[ɔbédat']
nemen (ww)	брать (нсв), взять (св)	[brát'], [vz'át']
nodig zijn (ww)	требоваться (нсв, возв)	[trébɔvatsa]

10. De belangrijkste werkwoorden. Deel 3

onderschatten (ww)	недооценивать (нсв, пх)	[nedɔɔtsǽnivat']
ondertekenen (ww)	подписывать (нсв, пх)	[potpísivat']
ontbijten (ww)	завтракать (нсв, нпх)	[záftrakat']
openen (ww)	открывать (нсв, пх)	[ɔtkrivát']
ophouden (ww)	прекрашать (нсв, пх)	[prekraʃát']
opmerken (zien)	замечать (нсв, пх)	[zametʃát']

opscheppen (ww)	хвастаться (нсв, возв)	[hvástatsa]
opschrijven (ww)	записывать (нсв, пх)	[zapísivat']
plannen (ww)	планировать (нсв, пх)	[planírɔvat']
prefereren (verkiezen)	предпочитать (нсв, пх)	[pretpɔtʃitát']
proberen (trachten)	пробовать (нсв, пх)	[próbɔvat']
redden (ww)	спасать (нсв, пх)	[spasát']

rekenen op ...	рассчитывать на ... (нсв)	[raʃítivatʲ na ...]
rennen (ww)	бежать (н/св, нпх)	[beʒátʲ]
reserveren	резервировать (н/св, пх)	[rezervírovatʲ]
(een hotelkamer ~)		
roepen (om hulp)	звать (нсв, пх)	[zvátʲ]
schieten (ww)	стрелять (нсв, нпх)	[strelʲátʲ]
schreeuwen (ww)	кричать (нсв, нпх)	[kritʃátʲ]

schrijven (ww)	писать (нсв, пх)	[pisátʲ]
souperen (ww)	ужинать (нсв, нпх)	[úʒɨnatʲ]
spelen (kinderen)	играть (нсв, нпх)	[igrátʲ]
spreken (ww)	говорить (нсв, н/пх)	[govorítʲ]
stelen (ww)	красть (нсв, н/пх)	[krástʲ]
stoppen (pauzeren)	останавливаться (нсв, возв)	[ostanávlivatsa]

studeren (Nederlands ~)	изучать (нсв, пх)	[izutʃátʲ]
sturen (zenden)	отправлять (нсв, пх)	[otpravlʲátʲ]
tellen (optellen)	считать (нсв, пх)	[ʃitátʲ]
toebehoren aan ...	принадлежать ... (нсв, нпх)	[prinadleʒátʲ ...]
toestaan (ww)	разрешать (нсв, пх)	[razreʃátʲ]
tonen (ww)	показывать (нсв, пх)	[pokázivatʲ]

twijfelen (onzeker zijn)	сомневаться (нсв, возв)	[somnevátsa]
uitgaan (ww)	выходить (нсв, нпх)	[vihodítʲ]
uitnodigen (ww)	приглашать (нсв, пх)	[priglaʃátʲ]
uitspreken (ww)	произносить (нсв, пх)	[proiznosítʲ]
uitvaren tegen (ww)	ругать (нсв, пх)	[rugátʲ]

11. De belangrijkste werkwoorden. Deel 4

vallen (ww)	падать (нсв, нпх)	[pádatʲ]
vangen (ww)	ловить (нсв, пх)	[lovítʲ]
veranderen (anders maken)	изменить (св, пх)	[izmenítʲ]
verbaasd zijn (ww)	удивляться (нсв, возв)	[udivlʲátsa]
verbergen (ww)	прятать (нсв, пх)	[prʲátatʲ]

verdedigen (je land ~)	защищать (нсв, пх)	[zaʃiʃátʲ]
verenigen (ww)	объединять (нсв, пх)	[objedinʲátʲ]
vergelijken (ww)	сравнивать (нсв, пх)	[srávnivatʲ]
vergeten (ww)	забывать (нсв, пх)	[zabɨvátʲ]
vergeven (ww)	прощать (нсв, пх)	[proʃátʲ]

verklaren (uitleggen)	объяснять (нсв, пх)	[objɪsnʲátʲ]
verkopen (per stuk ~)	продавать (нсв, пх)	[prodavátʲ]
vermelden (praten over)	упоминать (нсв, пх)	[upominátʲ]
versieren (decoreren)	украшать (нсв, пх)	[ukraʃátʲ]
vertalen (ww)	переводить (нсв, пх)	[perevodítʲ]

vertrouwen (ww)	доверять (нсв, пх)	[doverʲátʲ]
vervolgen (ww)	продолжать (нсв, пх)	[prodolʒátʲ]
verwarren (met elkaar ~)	путать (нсв, пх)	[pútatʲ]
verzoeken (ww)	просить (нсв, пх)	[prosítʲ]
verzuimen (school, enz.)	пропускать (нсв, пх)	[propuskátʲ]
vinden (ww)	находить (нсв, нпх)	[nahodítʲ]

vliegen (ww)	лететь (нсв, нпх)	[letét']
volgen (ww)	следовать за ... (нсв)	[slédɔvat' za ...]
voorstellen (ww)	предлагать (нсв, пх)	[predlagát']
voorzien (verwachten)	предвидеть (нсв, пх)	[predvídet']
vragen (ww)	спрашивать (нсв, пх)	[sprá∫ivat']

waarnemen (ww)	наблюдать (нсв, н/пх)	[nabl'udát']
waarschuwen (ww)	предупреждать (нсв, пх)	[predupreʒdát']
wachten (ww)	ждать (нсв, пх)	[ʒdát']
weerspreken (ww)	возражать (нсв, н/пх)	[vɔzraʒát']
weigeren (ww)	отказываться (нсв, возв)	[ɔtkázivatsa]

werken (ww)	работать (нсв, нпх)	[rabótat']
willen (verlangen)	хотеть (нсв, пх)	[hɔtét']
zeggen (ww)	сказать (нсв, пх)	[skazát']
zich haasten (ww)	торопиться (нсв, возв)	[tɔrɔpítsa]

zich interesseren voor ...	интересоваться (нсв, возв)	[interesɔvátsa]
zich vergissen (ww)	ошибаться (нсв, возв)	[ɔ∫ibátsa]
zich verontschuldigen	извиняться (нсв, возв)	[izvin'átsa]
zien (ww)	видеть (нсв, пх)	[vídet']

zijn (ww)	быть (нсв, нпх)	[bɨt']
zoeken (ww)	искать ... (нсв, пх)	[iskát' ...]
zwemmen (ww)	плавать (нсв, нпх)	[plávat']
zwijgen (ww)	молчать (нсв, нпх)	[mɔlt∫át']

12. Kleuren

kleur (de)	цвет (м)	[tsvét]
tint (de)	оттенок (м)	[ɔtténɔk]
kleurnuance (de)	тон (м)	[tón]
regenboog (de)	радуга (ж)	[ráduga]

wit (bn)	белый	[bélij]
zwart (bn)	чёрный	[t∫órnij]
grijs (bn)	серый	[sérij]

groen (bn)	зелёный	[zelǿnij]
geel (bn)	жёлтый	[ʒóltij]
rood (bn)	красный	[krásnij]

blauw (bn)	синий	[sínij]
lichtblauw (bn)	голубой	[gɔlubój]
roze (bn)	розовый	[rózɔvij]
oranje (bn)	оранжевый	[ɔránʒevij]
violet (bn)	фиолетовый	[fiɔlétɔvij]
bruin (bn)	коричневый	[kɔrít∫nevij]

| goud (bn) | золотой | [zɔlɔtój] |
| zilverkleurig (bn) | серебристый | [serebrístij] |

| beige (bn) | бежевый | [béʒevij] |
| roomkleurig (bn) | кремовый | [krémɔvij] |

turkoois (bn)	бирюзовый	[birʲuzóvij]
kersrood (bn)	вишнёвый	[viʃnǿvij]
lila (bn)	лиловый	[lilóvij]
karmijnrood (bn)	малиновый	[malínɔvij]

licht (bn)	светлый	[svétlij]
donker (bn)	тёмный	[tǿmnij]
fel (bn)	яркий	[járkij]

kleur-, kleurig (bn)	цветной	[tsvetnój]
kleuren- (abn)	цветной	[tsvetnój]
zwart-wit (bn)	чёрно-белый	[tʃórnɔ-bélij]
eenkleurig (bn)	одноцветный	[ɔdnɔtsvétnij]
veelkleurig (bn)	разноцветный	[raznɔtsvétnij]

13. Vragen

Wie?	Кто?	[któ?]
Wat?	Что?	[ʃtó?]
Waar?	Где?	[gdé?]
Waarheen?	Куда?	[kudá?]
Waarvandaan?	Откуда?	[ɔtkúda?]
Wanneer?	Когда?	[kɔgdá?]
Waarom?	Зачем?	[zatʃém?]
Waarom?	Почему?	[pɔtʃemú?]

Waarvoor dan ook?	Для чего?	[dlʲa tʃevó?]
Hoe?	Как?	[kák?]
Wat voor ...?	Какой?	[kakój?]
Welk?	Который?	[kɔtórij?]

Aan wie?	Кому?	[kɔmú?]
Over wie?	О ком?	[ɔ kóm?]
Waarover?	О чём?	[ɔ tʃóm?]
Met wie?	С кем?	[s kém?]

Hoeveel?	Сколько?	[skólʲkɔ?]
Hoeveel? (ontelb.)	Сколько?	[skólʲkɔ?]
Van wie? (mann.)	Чей?	[tʃéj?]
Van wie? (vrouw.)	Чья?	[tʃjá?]
Van wie? (mv.)	Чьи?	[tʃjí?]

14. Functiewoorden. Bijwoorden. Deel 1

Waar?	Где?	[gdé?]
hier (bw)	здесь	[zdésʲ]
daar (bw)	там	[tám]

ergens (bw)	где-то	[gdé-tɔ]
nergens (bw)	нигде	[nigdé]
bij ... (in de buurt)	у, около	[u], [ókɔlɔ]
bij het raam	у окна	[u ɔkná]

Waarheen?	Куда?	[kudá?]
hierheen (bw)	сюда	[sʲudá]
daarheen (bw)	туда	[tudá]
hiervandaan (bw)	отсюда	[ɔtsʲúda]
daarvandaan (bw)	оттуда	[ɔttúda]

dichtbij (bw)	близко	[blískɔ]
ver (bw)	далеко	[dalekó]

in de buurt (van ...)	около	[ókɔlɔ]
dichtbij (bw)	рядом	[rʲádɔm]
niet ver (bw)	недалеко	[nedalekó]

linker (bn)	левый	[lévij]
links (bw)	слева	[sléva]
linksaf, naar links (bw)	налево	[nalévɔ]

rechter (bn)	правый	[právij]
rechts (bw)	справа	[správa]
rechtsaf, naar rechts (bw)	направо	[naprávɔ]

vooraan (bw)	спереди	[spéredi]
voorste (bn)	передний	[perédnij]
vooruit (bw)	вперёд	[fperǿd]

achter (bw)	сзади	[szádi]
van achteren (bw)	сзади	[szádi]
achteruit (naar achteren)	назад	[nazád]

midden (het)	середина (ж)	[seredína]
in het midden (bw)	посередине	[pɔseredíne]

opzij (bw)	сбоку	[zbóku]
overal (bw)	везде	[vezdé]
omheen (bw)	вокруг	[vɔkrúg]

binnenuit (bw)	изнутри	[iznutrí]
naar ergens (bw)	куда-то	[kudá-tɔ]
rechtdoor (bw)	напрямик	[naprɪmík]
terug (bijv. ~ komen)	обратно	[ɔbrátnɔ]

ergens vandaan (bw)	откуда-нибудь	[ɔtkúda-nibutʲ]
ergens vandaan (en dit geld moet ~ komen)	откуда-то	[ɔtkúda-tɔ]

ten eerste (bw)	во-первых	[vɔ-pérvih]
ten tweede (bw)	во-вторых	[vɔ-ftɔrîh]
ten derde (bw)	в-третьих	[f trétjih]

plotseling (bw)	вдруг	[vdrúg]
in het begin (bw)	вначале	[vnatʃále]
voor de eerste keer (bw)	впервые	[fpervîje]
lang voor ... (bw)	задолго до ...	[zadólgɔ dɔ ...]
opnieuw (bw)	заново	[zánɔvɔ]
voor eeuwig (bw)	насовсем	[nasɔfsém]
nooit (bw)	никогда	[nikɔgdá]

weer (bw)	опять	[ɔpʲátʲ]
nu (bw)	теперь	[tepérʲ]
vaak (bw)	часто	[tʃástɔ]
toen (bw)	тогда	[tɔgdá]
urgent (bw)	срочно	[srótʃnɔ]
meestal (bw)	обычно	[ɔbīʧnɔ]

trouwens, ... (tussen haakjes)	кстати, ...	[kstáti, ...]
mogelijk (bw)	возможно	[vɔzmóʒnɔ]
waarschijnlijk (bw)	вероятно	[verɔjátnɔ]
misschien (bw)	может быть	[móʒet bītʲ]
trouwens (bw)	кроме того, ...	[króme tɔvó, ...]
daarom ...	поэтому ...	[pɔǽtɔmu ...]
in weerwil van ...	несмотря на ...	[nesmɔtrʲá na ...]
dankzij ...	благодаря ...	[blagɔdarʲá ...]

wat (vn)	что	[ʃtó]
dat (vw)	что	[ʃtó]
iets (vn)	что-то	[ʃtó-tɔ]
iets	что-нибудь	[ʃtó-nibutʲ]
niets (vn)	ничего	[niʧevó]

wie (~ is daar?)	кто	[któ]
iemand (een onbekende)	кто-то	[któ-tɔ]
iemand (een bepaald persoon)	кто-нибудь	[któ-nibutʲ]

niemand (vn)	никто	[niktó]
nergens (bw)	никуда	[nikudá]
niemands (bn)	ничей	[niʧéj]
iemands (bn)	чей-нибудь	[ʧej-nibútʲ]

zo (Ik ben ~ blij)	так	[ták]
ook (evenals)	также	[tágʒe]
alsook (eveneens)	тоже	[tóʒe]

15. Functiewoorden. Bijwoorden. Deel 2

Waarom?	Почему?	[pɔʧemú?]
om een bepaalde reden	почему-то	[pɔʧemú-tɔ]
omdat ...	потому, что ...	[pɔtɔmú, ʃtó ...]
voor een bepaald doel	зачем-то	[zaʧém-tɔ]

en (vw)	и	[i]
of (vw)	или	[íli]
maar (vw)	но	[nó]
voor (vz)	для	[dlʲá]

te (~ veel mensen)	слишком	[slíʃkɔm]
alleen (bw)	только	[tólʲkɔ]
precies (bw)	точно	[tóʧnɔ]
ongeveer (~ 10 kg)	около	[ókɔlɔ]
omstreeks (bw)	приблизительно	[priblizítelʲnɔ]

bij benadering (bn)	приблизительный	[priblizítelʲnij]
bijna (bw)	почти	[pɔʧtí]
rest (de)	остальное (c)	[ɔstalʲnóe]

elk (bn)	каждый	[káჳdij]
om het even welk	любой	[lʲubój]
veel (grote hoeveelheid)	много	[mnógɔ]
veel mensen	многие	[mnógie]
iedereen (alle personen)	все	[fsé]

in ruil voor ...	в обмен на ...	[v ɔbmén na ...]
in ruil (bw)	взамен	[vzamén]
met de hand (bw)	вручную	[vruʧnúju]
onwaarschijnlijk (bw)	вряд ли	[vrʲát lí]

waarschijnlijk (bw)	наверное	[navérnɔe]
met opzet (bw)	нарочно	[naróʃnɔ]
toevallig (bw)	случайно	[sluʧájnɔ]

zeer (bw)	очень	[óʧenʲ]
bijvoorbeeld (bw)	например	[naprimér]
tussen (~ twee steden)	между	[méჳdu]
tussen (te midden van)	среди	[sredí]
zoveel (bw)	столько	[stólʲkɔ]
vooral (bw)	особенно	[ɔsóbennɔ]

Basisbegrippen Deel 2

16. Tegenovergestelden

rijk (bn)	богатый	[bɔgátij]
arm (bn)	бедный	[bédnij]
ziek (bn)	больной	[bɔlʲnój]
gezond (bn)	здоровый	[zdɔróvij]
groot (bn)	большой	[bɔlʲʃój]
klein (bn)	маленький	[málenʲkij]
snel (bw)	быстро	[bīstrɔ]
langzaam (bw)	медленно	[médlenɔ]
snel (bn)	быстрый	[bīstrij]
langzaam (bn)	медленный	[médlenij]
vrolijk (bn)	весёлый	[vesǿlij]
treurig (bn)	грустный	[grúsnij]
samen (bw)	вместе	[vméste]
apart (bw)	отдельно	[ɔtdélʲnɔ]
hardop (~ lezen)	вслух	[fslúh]
stil (~ lezen)	про себя	[prɔ sebʲá]
hoog (bn)	высокий	[visókij]
laag (bn)	низкий	[nískij]
diep (bn)	глубокий	[glubókij]
ondiep (bn)	мелкий	[mélkij]
ja	да	[dá]
nee	нет	[nét]
ver (bn)	далёкий	[dalǿkij]
dicht (bn)	близкий	[blískij]
ver (bw)	далеко	[dalekó]
dichtbij (bw)	рядом	[rʲádɔm]
lang (bn)	длинный	[dlínnij]
kort (bn)	короткий	[kɔrótkij]
vriendelijk (goedhartig)	добрый	[dóbrij]
kwaad (bn)	злой	[zlój]

| gehuwd (mann.) | женатый | [ʒenátij] |
| ongehuwd (mann.) | холостой | [hɔlɔstój] |

| verbieden (ww) | запретить (св, пх) | [zapretítʲ] |
| toestaan (ww) | разрешить (св, пх) | [razreʃítʲ] |

| einde (het) | конец (м) | [kɔnéts] |
| begin (het) | начало (с) | [naʧálɔ] |

| linker (bn) | левый | [lévij] |
| rechter (bn) | правый | [právij] |

| eerste (bn) | первый | [pérvij] |
| laatste (bn) | последний | [pɔslédnij] |

| misdaad (de) | преступление (с) | [prestuplénie] |
| bestraffing (de) | наказание (с) | [nakazánie] |

| bevelen (ww) | приказать (св, пх) | [prikazátʲ] |
| gehoorzamen (ww) | подчиниться (св, возв) | [pottʃinítsa] |

| recht (bn) | прямой | [prɪmój] |
| krom (bn) | кривой | [krivój] |

| paradijs (het) | рай (м | [ráj] |
| hel (de) | ад (м) | [ád] |

| geboren worden (ww) | родиться (св, возв) | [rɔdítsa] |
| sterven (ww) | умереть (св, нпх) | [umerétʲ] |

| sterk (bn) | сильный | [sílʲnij] |
| zwak (bn) | слабый | [slábij] |

| oud (bn) | старый | [stárij] |
| jong (bn) | молодой | [mɔlɔdój] |

| oud (bn) | старый | [stárij] |
| nieuw (bn) | новый | [nóvij] |

| hard (bn) | твёрдый | [tvǿrdij] |
| zacht (bn) | мягкий | [mʲáhkij] |

| warm (bn) | тёплый | [tǿplij] |
| koud (bn) | холодный | [hɔlódnij] |

| dik (bn) | толстый | [tólstij] |
| dun (bn) | худой | [hudój] |

| smal (bn) | узкий | [úskij] |
| breed (bn) | широкий | [ʃirókij] |

| goed (bn) | хороший | [hɔróʃij] |
| slecht (bn) | плохой | [plɔhój] |

| moedig (bn) | храбрый | [hrábrij] |
| laf (bn) | трусливый | [truslívij] |

17. Dagen van de week

maandag (de)	понедельник (м)	[pɔnedélʲnik]
dinsdag (de)	вторник (м)	[ftórnik]
woensdag (de)	среда (ж)	[sredá]
donderdag (de)	четверг (м)	[tʃetvérg]
vrijdag (de)	пятница (ж)	[pʲátnitsa]
zaterdag (de)	суббота (ж)	[subóta]
zondag (de)	воскресенье (с)	[vɔskresénje]

vandaag (bw)	сегодня	[sevódnʲa]
morgen (bw)	завтра	[záftra]
overmorgen (bw)	послезавтра	[pɔslezáftra]
gisteren (bw)	вчера	[ftʃerá]
eergisteren (bw)	позавчера	[pɔzaftʃerá]

dag (de)	день (м)	[dénʲ]
werkdag (de)	рабочий день (м)	[rabótʃij dénʲ]
feestdag (de)	празник (м)	[práznik]
verlofdag (de)	выходной день (м)	[vihɔdnój dénʲ]
weekend (het)	выходные (мн)	[vihɔdnïje]

de hele dag (bw)	весь день	[vesʲ dénʲ]
de volgende dag (bw)	на следующий день	[na sléduʃij dénʲ]
twee dagen geleden	2 дня назад	[dvá dnʲá nazád]
aan de vooravond (bw)	накануне	[nakanúne]
dag-, dagelijks (bn)	ежедневный	[eʒednévnij]
elke dag (bw)	ежедневно	[eʒednévnɔ]

week (de)	неделя (ж)	[nedélʲa]
vorige week (bw)	на прошлой неделе	[na próʃlɔj nedéle]
volgende week (bw)	на следующей неделе	[na sléduʃʲej nedéle]
wekelijks (bn)	еженедельный	[eʒenedélʲnij]
elke week (bw)	еженедельно	[eʒenedélʲnɔ]
twee keer per week	2 раза в неделю	[dvá ráza v nedélʲu]
elke dinsdag	каждый вторник	[káʒdij ftórnik]

18. Uren. Dag en nacht

morgen (de)	утро (с)	[útrɔ]
's morgens (bw)	утром	[útrɔm]
middag (de)	полдень (м)	[póldenʲ]
's middags (bw)	после обеда	[pósle ɔbéda]

avond (de)	вечер (м)	[vétʃer]
's avonds (bw)	вечером	[vétʃerɔm]
nacht (de)	ночь (ж)	[nótʃʲ]
's nachts (bw)	ночью	[nótʃju]
middernacht (de)	полночь (ж)	[pólnɔtʃʲ]

seconde (de)	секунда (ж)	[sekúnda]
minuut (de)	минута (ж)	[minúta]
uur (het)	час (м)	[tʃás]

halfuur (het)	полчаса (мн)	[poltʃasá]
kwartier (het)	четверть (ж) часа	[tʃétvertʲ tʃása]
vijftien minuten	15 минут	[pitnátsatʲ minút]
etmaal (het)	сутки (мн)	[sútki]

zonsopgang (de)	восход (м) солнца	[vɔsxód sóntsa]
dageraad (de)	рассвет (м)	[rasvét]
vroege morgen (de)	раннее утро (с)	[ránnee útrɔ]
zonsondergang (de)	закат (м)	[zakát]

's morgens vroeg (bw)	рано утром	[ránɔ útrɔm]
vanmorgen (bw)	сегодня утром	[sevódnʲa útrɔm]
morgenochtend (bw)	завтра утром	[záftra útrɔm]

vanmiddag (bw)	сегодня днём	[sevódnʲa dnǿm]
's middags (bw)	после обеда	[pósle ɔbéda]
morgenmiddag (bw)	завтра после обеда	[záftra pósle ɔbéda]

| vanavond (bw) | сегодня вечером | [sevódnʲa vétʃerɔm] |
| morgenavond (bw) | завтра вечером | [záftra vetʃerɔm] |

klokslag drie uur	ровно в 3 часа	[róvnɔ f trí tʃasá]
ongeveer vier uur	около 4-х часов	[ókɔlɔ tʃetîrǿh tʃasóf]
tegen twaalf uur	к 12-ти часам	[k dvenátsatí tʃasám]

over twintig minuten	через 20 минут	[tʃéres dvátsatʲ minút]
over een uur	через час	[tʃéres tʃás]
op tijd (bw)	вовремя	[vóvremʲa]

kwart voor …	без четверти …	[bes tʃétverti …]
binnen een uur	в течение часа	[f tetʃénie tʃása]
elk kwartier	каждые 15 минут	[káʒdie pitnátsatʲ minút]
de klok rond	круглые сутки	[krúglie sútki]

19. Maanden. Seizoenen

januari (de)	январь (м)	[jinvárʲ]
februari (de)	февраль (м)	[fevrálʲ]
maart (de)	март (м)	[márt]
april (de)	апрель (м)	[aprélʲ]
mei (de)	май (м)	[máj]
juni (de)	июнь (м)	[ijúnʲ]

juli (de)	июль (м)	[ijúlʲ]
augustus (de)	август (м)	[ávgust]
september (de)	сентябрь (м)	[sentʲábrʲ]
oktober (de)	октябрь (м)	[ɔktʲábrʲ]
november (de)	ноябрь (м)	[nɔjábrʲ]
december (de)	декабрь (м)	[dekábrʲ]

lente (de)	весна (ж)	[vesná]
in de lente (bw)	весной	[vesnój]
lente- (abn)	весенний	[vesénnij]
zomer (de)	лето (с)	[létɔ]

| in de zomer (bw) | летом | [létɔm] |
| zomer-, zomers (bn) | летний | [létnij] |

herfst (de)	осень (ж)	[ósenʲ]
in de herfst (bw)	осенью	[ósenju]
herfst- (abn)	осенний	[ɔsénnij]

winter (de)	зима (ж)	[zimá]
in de winter (bw)	зимой	[zimój]
winter- (abn)	зимний	[zímnij]
maand (de)	месяц (м)	[mésɪts]
deze maand (bw)	в этом месяце	[v ǽtɔm mésɪtse]
volgende maand (bw)	в следующем месяце	[f sléduʃem mésɪtse]
vorige maand (bw)	в прошлом месяце	[f prójlɔm mésɪtse]

een maand geleden (bw)	месяц назад	[mésɪts nazád]
over een maand (bw)	через месяц	[tʃéres mésɪts]
over twee maanden (bw)	через 2 месяца	[tʃéres dvá mésitsa]
de hele maand (bw)	весь месяц	[vesʲ mésɪts]
een volle maand (bw)	целый месяц	[tsǽlij mésɪts]

maand-, maandelijks (bn)	ежемесячный	[eʒemésɪtʃnij]
maandelijks (bw)	ежемесячно	[eʒemésɪtʃnɔ]
elke maand (bw)	каждый месяц	[káʒdij mésɪts]
twee keer per maand	2 раза в месяц	[dvá ráza v mésɪts]

jaar (het)	год (м)	[gód]
dit jaar (bw)	в этом году	[v ǽtɔm gɔdú]
volgend jaar (bw)	в следующем году	[f sléduʃem gɔdú]
vorig jaar (bw)	в прошлом году	[f prójlɔm gɔdú]
een jaar geleden (bw)	год назад	[gót nazád]
over een jaar	через год	[tʃéres gód]
over twee jaar	через 2 года	[tʃéres dvá góda]
het hele jaar	весь год	[vesʲ gód]
een vol jaar	целый год	[tsǽlij gód]

elk jaar	каждый год	[káʒdij gód]
jaar-, jaarlijks (bn)	ежегодный	[eʒegódnij]
jaarlijks (bw)	ежегодно	[eʒegódnɔ]
4 keer per jaar	4 раза в год	[tʃetîre ráza v gód]

datum (de)	число (с)	[tʃisló]
datum (de)	дата (ж)	[dáta]
kalender (de)	календарь (м)	[kalendárʲ]

een half jaar	полгода	[pɔlgóda]
zes maanden	полугодие (с)	[pɔlugódie]
seizoen (bijv. lente, zomer)	сезон (м)	[sezón]
eeuw (de)	век (м)	[vék]

20. Tijd. Diversen

| tijd (de) | время (с) | [vrémʲa] |
| ogenblik (het) | миг (м) | [míg] |

moment (het)	мгновение (c)	[mgnɔvénie]
ogenblikkelijk (bn)	мгновенный	[mgnɔvénnij]
tijdsbestek (het)	отрезок (м)	[ɔtrézɔk]
leven (het)	жизнь (ж)	[ʒīznʲ]
eeuwigheid (de)	вечность (ж)	[vétʃnɔstʲ]

epoche (de), tijdperk (het)	эпоха (ж)	[ɛpóha]
era (de), tijdperk (het)	эра (ж)	[æra]
cyclus (de)	цикл (м)	[tsīkl]
periode (de)	период (м)	[períud]
termijn (vastgestelde periode)	срок (м)	[srók]

toekomst (de)	будущее (c)	[búduʃee]
toekomstig (bn)	будущий	[búduʃij]
de volgende keer	в следующий раз	[f sléduʃij rás]
verleden (het)	прошлое (c)	[próʃlɔe]
vorig (bn)	прошлый	[próʃlij]
de vorige keer	в прошлый раз	[f próʃlij rás]

later (bw)	позже	[póʒʒe]
na (~ het diner)	после	[pósle]
tegenwoordig (bw)	теперь	[tepérʲ]
nu (bw)	сейчас	[sejtʃás]
onmiddellijk (bw)	немедленно	[nemédlenɔ]
snel (bw)	скоро	[skórɔ]
bij voorbaat (bw)	заранее	[zaránee]

lang geleden (bw)	давно	[davnó]
kort geleden (bw)	недавно	[nedávnɔ]
noodlot (het)	судьба (ж)	[sutʲbá]
herinneringen (mv.)	память (ж)	[pámitʲ]
archief (het)	архив (м)	[arhíf]
tijdens ... (ten tijde van)	во время ...	[vɔ vrémʲa ...]
lang (bw)	долго	[dólgɔ]
niet lang (bw)	недолго	[nedólgɔ]
vroeg (bijv. ~ in de ochtend)	рано	[ránɔ]
laat (bw)	поздно	[póznɔ]

voor altijd (bw)	навсегда	[nafsegdá]
beginnen (ww)	начинать (нсв, пх)	[natʃinátʲ]
uitstellen (ww)	перенести (св, пх)	[perenestí]

tegelijkertijd (bw)	одновременно	[ɔdnɔvreménnɔ]
voortdurend (bw)	постоянно	[pɔstɔjánnɔ]
voortdurend	постоянный	[pɔstɔjánnij]
tijdelijk (bn)	временный	[vrémennij]
soms (bw)	иногда	[inɔgdá]
zelden (bw)	редко	[rétkɔ]
vaak (bw)	часто	[tʃástɔ]

21. Lijnen en vormen

| vierkant (het) | квадрат (м) | [kvadrát] |
| vierkant (bn) | квадратный | [kvadrátnij] |

cirkel (de)	круг (м)	[krúg]
rond (bn)	круглый	[krúglij]
driehoek (de)	треугольник (м)	[treugólʲnik]
driehoekig (bn)	треугольный	[treugólʲnij]

ovaal (het)	овал (м)	[ɔvál]
ovaal (bn)	овальный	[ɔválʲnij]
rechthoek (de)	прямоугольник (м)	[prɪmɔugólʲnik]
rechthoekig (bn)	прямоугольный	[prɪmɔugólʲnij]

piramide (de)	пирамида (ж)	[piramída]
ruit (de)	ромб (м)	[rómp]
trapezium (het)	трапеция (ж)	[trapétsija]
kubus (de)	куб (м)	[kúb]
prisma (het)	призма (ж)	[prízma]

omtrek (de)	окружность (ж)	[ɔkrúʒnɔstʲ]
bol, sfeer (de)	сфера (ж)	[sféra]
bal (de)	шар (м)	[ʃár]
diameter (de)	диаметр (м)	[diámetr]
straal (de)	радиус (м)	[rádius]
omtrek (~ van een cirkel)	периметр (м)	[perímetr]
middelpunt (het)	центр (м)	[tsǽntr]

horizontaal (bn)	горизонтальный	[gorizɔntálʲnij]
verticaal (bn)	вертикальный	[vertikálʲnij]
parallel (de)	параллель (ж)	[paralélʲ]
parallel (bn)	параллельный	[paralélʲnij]

lijn (de)	линия (ж)	[línija]
streep (de)	черта (ж)	[tʃertá]
rechte lijn (de)	прямая (ж)	[prɪmája]
kromme (de)	кривая (ж)	[krivája]
dun (bn)	тонкий	[tónkij]
omlijning (de)	контур (м)	[kóntur]

snijpunt (het)	пересечение (с)	[peresetʃénie]
rechte hoek (de)	прямой угол (м)	[prɪmój úgɔl]
segment (het)	сегмент (м)	[segmént]
sector (de)	сектор (м)	[séktɔr]
zijde (de)	сторона (ж)	[stɔrɔná]
hoek (de)	угол (м)	[úgɔl]

22. Meeteenheden

gewicht (het)	вес (м)	[vés]
lengte (de)	длина (ж)	[dliná]
breedte (de)	ширина (ж)	[ʃiriná]
hoogte (de)	высота (ж)	[vɪsɔtá]
diepte (de)	глубина (ж)	[glubiná]
volume (het)	объём (м)	[ɔbjóm]
oppervlakte (de)	площадь (ж)	[plóʃatʲ]
gram (het)	грамм (м)	[grám]
milligram (het)	миллиграмм (м)	[miligrám]

kilogram (het)	килограмм (м)	[kilɔgrám]
ton (duizend kilo)	тонна (ж)	[tónna]
pond (het)	фунт (м)	[fúnt]
ons (het)	унция (ж)	[úntsija]

meter (de)	метр (м)	[métr]
millimeter (de)	миллиметр (м)	[milimétr]
centimeter (de)	сантиметр (м)	[santimétr]
kilometer (de)	километр (м)	[kilɔmétr]
mijl (de)	миля (ж)	[míl'a]

duim (de)	дюйм (м)	[d'újm]
voet (de)	фут (м)	[fút]
yard (de)	ярд (м)	[járd]

| vierkante meter (de) | квадратный метр (м) | [kvadrátnij métr] |
| hectare (de) | гектар (м) | [gektár] |

liter (de)	литр (м)	[lítr]
graad (de)	градус (м)	[grádus]
volt (de)	вольт (м)	[vól't]
ampère (de)	ампер (м)	[ampér]
paardenkracht (de)	лошадиная сила (ж)	[lɔʃidínaja síla]

hoeveelheid (de)	количество (с)	[kɔlítʃestvɔ]
een beetje ...	немного ...	[nemnógɔ ...]
helft (de)	половина (ж)	[pɔlɔvína]
dozijn (het)	дюжина (ж)	[d'úʒina]
stuk (het)	штука (ж)	[ʃtúka]

| afmeting (de) | размер (м) | [razmér] |
| schaal (bijv. ~ van 1 op 50) | масштаб (м) | [maʃtáb] |

minimaal (bn)	минимальный	[minimál'nij]
minste (bn)	наименьший	[naimén'ʃij]
medium (bn)	средний	[srédnij]
maximaal (bn)	максимальный	[maksimál'nij]
grootste (bn)	наибольший	[naiból'ʃij]

23. Containers

glazen pot (de)	банка (ж)	[bánka]
blik (conserven~)	банка (ж)	[bánka]
emmer (de)	ведро (с)	[vedró]
ton (bijv. regenton)	бочка (ж)	[bótʃka]

ronde waterbak (de)	таз (м)	[tás]
tank (bijv. watertank-70-ltr)	бак (м)	[bák]
heupfles (de)	фляжка (ж)	[fl'áʃka]
jerrycan (de)	канистра (ж)	[kanístra]
tank (bijv. ketelwagen)	цистерна (ж)	[tsistǽrna]

| beker (de) | кружка (ж) | [krúʃka] |
| kopje (het) | чашка (ж) | [tʃáʃka] |

schoteltje (het)	блюдце (c)	[bl'útse]
glas (het)	стакан (м)	[stakán]
wijnglas (het)	бокал (м)	[bɔkál]
pan (de)	кастрюля (ж)	[kastr'úl'a]

| fles (de) | бутылка (ж) | [butílka] |
| flessenhals (de) | горлышко (c) | [górliʃkɔ] |

karaf (de)	графин (м)	[grafín]
kruik (de)	кувшин (м)	[kuf∫ín]
vat (het)	сосуд (м)	[sɔsúd]
pot (de)	горшок (м)	[gɔrʃók]
vaas (de)	ваза (ж)	[váza]

flacon (de)	флакон (м)	[flakón]
flesje (het)	пузырёк (м)	[puzirǿk]
tube (bijv. ~ tandpasta)	тюбик (м)	[t'úbik]

zak (bijv. ~ aardappelen)	мешок (м)	[meʃók]
tasje (het)	пакет (м)	[pakét]
pakje (~ sigaretten, enz.)	пачка (ж)	[pátʃka]

doos (de)	коробка (ж)	[kɔrópka]
kist (de)	ящик (м)	[jáʃ'ik]
mand (de)	корзина (ж)	[kɔrzína]

24. Materialen

materiaal (het)	материал (м)	[materjál]
hout (het)	дерево (c)	[dérevɔ]
houten (bn)	деревянный	[derev'ánnij]

| glas (het) | стекло (c) | [stekl)ó] |
| glazen (bn) | стеклянный | [stekl'ánnij] |

| steen (de) | камень (м) | [kámen'] |
| stenen (bn) | каменный | [kámennij] |

| plastic (het) | пластик (м) | [plástik] |
| plastic (bn) | пластмассовый | [plastmásɔvij] |

| rubber (het) | резина (ж) | [rezína] |
| rubber-, rubberen (bn) | резиновый | [rezínɔvij] |

| stof (de) | ткань (ж) | [tkán'] |
| van stof (bn) | из ткани | [is tkáni] |

| papier (het) | бумага (ж) | [bumága] |
| papieren (bn) | бумажный | [bumáӡnij] |

karton (het)	картон (м)	[kartón]
kartonnen (bn)	картонный	[kartónnij]
polyethyleen (het)	полиэтилен (м)	[pɔlietilén]
cellofaan (het)	целлофан (м)	[tselɔfán]

34

multiplex (het)	фанера (ж)	[fanéra]
porselein (het)	фарфор (м)	[farfór]
porseleinen (bn)	фарфоровый	[farfórɔvij]
klei (de)	глина (ж)	[glína]
klei-, van klei (bn)	глиняный	[glínınij]
keramiek (de)	керамика (ж)	[kerámika]
keramieken (bn)	керамический	[keramítʃeskij]

25. Metalen

metaal (het)	металл (м)	[metál]
metalen (bn)	металлический	[metalítʃeskij]
legering (de)	сплав (м)	[spláf]

goud (het)	золото (с)	[zólɔtɔ]
gouden (bn)	золотой	[zɔlɔtój]
zilver (het)	серебро (с)	[serebró]
zilveren (bn)	серебряный	[serébrınij]

ijzer (het)	железо (с)	[ʒelézɔ]
ijzeren	железный	[ʒeléznij]
staal (het)	сталь ж)	[stálʲ]
stalen (bn)	стальной	[stalʲnój]
koper (het)	медь (ж)	[métʲ]
koperen (bn)	медный	[médnij]

aluminium (het)	алюминий (м)	[alʲumínij]
aluminium (bn)	алюминиевый	[alʲumínievij]
brons (het)	бронза (ж)	[brónza]
bronzen (bn)	бронзовый	[brónzɔvij]

messing (het)	латунь (ж)	[latúnʲ]
nikkel (het)	никель (м)	[níkelʲ]
platina (het)	платина (ж)	[plátina]
kwik (het)	ртуть (ж)	[rtútʲ]
tin (het)	олово с)	[ólɔvɔ]
lood (het)	свинец (м)	[svinéts]
zink (het)	цинк (м)	[tsĩnk]

MENS

Mens. Het lichaam

26. Mensen. Basisbegrippen

mens (de)	человек (м)	[tʃelɔvék]
man (de)	мужчина (м)	[muʃína]
vrouw (de)	женщина (ж)	[ʒǽnʃina]
kind (het)	ребёнок (м)	[rebǿnɔk]
meisje (het)	девочка (ж)	[dévɔtʃka]
jongen (de)	мальчик (м)	[máliʧik]
tiener, adolescent (de)	подросток (м)	[pɔdróstɔk]
oude man (de)	старик (м)	[starík]
oude vrouw (de)	старая женщина (ж)	[stáraja ʒǽnʃina]

27. Menselijke anatomie

organisme (het)	организм (м)	[ɔrganízm]
hart (het)	сердце (с)	[sérʦe]
bloed (het)	кровь (ж)	[krófi]
slagader (de)	артерия (ж)	[artǽrija]
ader (de)	вена (ж)	[véna]
hersenen (mv.)	мозг (м)	[mósg]
zenuw (de)	нерв (м)	[nérf]
zenuwen (mv.)	нервы (мн)	[nérvi]
wervel (de)	позвонок (м)	[pɔzvɔnók]
ruggengraat (de)	позвоночник (м)	[pɔzvɔnótʃnik]
maag (de)	желудок (м)	[ʒelúdɔk]
darmen (mv.)	кишечник (м)	[kiʃǽtʃnik]
darm (de)	кишка (ж)	[kiʃká]
lever (de)	печень (ж)	[pétʃeni]
nier (de)	почка (ж)	[pótʃka]
been (deel van het skelet)	кость (ж)	[kósti]
skelet (het)	скелет (м)	[skelét]
rib (de)	ребро (с)	[rebró]
schedel (de)	череп (м)	[ʧérep]
spier (de)	мышца (ж)	[mīʃʦa]
biceps (de)	бицепс (м)	[bíʦɛps]
triceps (de)	трицепс (м)	[tríʦɛps]
pees (de)	сухожилие (с)	[suhɔʒīlie]
gewricht (het)	сустав (м)	[sustáf]

longen (mv.)	лёгкие (мн	[lǿhkie]
geslachtsorganen (mv.)	половые органы (мн)	[polovīe órgani]
huid (de)	кожа ж)	[kóʒa]

28. Hoofd

hoofd (het)	голова (ж)	[golová]
gezicht (het)	лицо с)	[litsó]
neus (de)	нос (м	[nós]
mond (de)	рот (м	[rót]

oog (het)	глаз м)	[glás]
ogen (mv.)	глаза (мн)	[glazá]
pupil (de)	зрачок (м)	[zratʃók]
wenkbrauw (de)	бровь (ж)	[bróf']
wimper (de)	ресница (ж)	[resnítsa]
ooglid (het)	веко (с)	[véko]

tong (de)	язык (м)	[jızīk]
tand (de)	зуб (м)	[zúb]
lippen (mv.)	губы (мн)	[gúbi]
jukbeenderen (mv.)	скулы (мн)	[skúli]
tandvlees (het)	десна (ж)	[desná]
gehemelte (het)	нёбо (с)	[nǿbo]

neusgaten (mv.)	ноздри (мн)	[nózdri]
kin (de)	подбородок (м)	[podboródok]
kaak (de)	челюсть (ж)	[tʃél'ust']
wang (de)	щека (ж)	[ʃ'eká]

voorhoofd (het)	лоб (м)	[lób]
slaap (de)	висок (м)	[visók]
oor (het)	ухо (с)	[úho]
achterhoofd (het)	затылок (м)	[zatīlok]
hals (de)	шея (ж)	[ʃǽja]
keel (de)	горло с)	[górlo]

haren (mv.)	волосы (мн	[vólosi]
kapsel (het)	причёска (ж)	[pritʃóska]
haarsnit (de)	стрижка (ж)	[strīʃka]
pruik (de)	парик (м)	[parík]

snor (de)	усы (м мн)	[usī]
baard (de)	борода (ж)	[borodá]
dragen (een baard, enz.)	носить (нсв, ɔх)	[nosít']
vlecht (de)	коса (ж)	[kosá]
bakkebaarden (mv.)	бакенбарды (мн)	[bakenbárdi]

ros (roodachtig, rossig)	рыжий	[rīʒij]
grijs (~ haar)	седой	[sedój]
kaal (bn)	лысый	[līsij]
kale plek (de)	лысина (ж)	[līsina]
paardenstaart (de)	хвост (м)	[hvóst]
pony (de)	чёлка (ж)	[tʃólka]

29. Menselijk lichaam

| hand (de) | кисть (ж) | [kístʲ] |
| arm (de) | рука (ж) | [ruká] |

vinger (de)	палец (м)	[pálets]
duim (de)	большой палец (м)	[bolʲʃój pálets]
pink (de)	мизинец (м)	[mizínets]
nagel (de)	ноготь (м)	[nógotʲ]

vuist (de)	кулак (м)	[kulák]
handpalm (de)	ладонь (ж)	[ladónʲ]
pols (de)	запястье (с)	[zapʲástje]
voorarm (de)	предплечье (с)	[pretplétʃje]
elleboog (de)	локоть (м)	[lókotʲ]
schouder (de)	плечо (с)	[pletʃó]

been (rechter ~)	нога (ж)	[nogá]
voet (de)	ступня (ж)	[stupnʲá]
knie (de)	колено (с)	[koléno]
kuit (de)	икра (ж)	[ikrá]
heup (de)	бедро (с)	[bedró]
hiel (de)	пятка (ж)	[pʲátka]

lichaam (het)	тело (с)	[télo]
buik (de)	живот (м)	[ʒivót]
borst (de)	грудь (ж)	[grútʲ]
borst (de)	грудь (ж)	[grútʲ]
zijde (de)	бок (м)	[bók]
rug (de)	спина (ж)	[spiná]
lage rug (de)	поясница (ж)	[pojisnítsa]
taille (de)	талия (ж)	[tálija]

navel (de)	пупок (м)	[pupók]
billen (mv.)	ягодицы (мн)	[jágoditsi]
achterwerk (het)	зад (м)	[zád]

huidvlek (de)	родинка (ж)	[ródinka]
moedervlek (de)	родимое пятно (с)	[rodímoe pitnó]
tatoeage (de)	татуировка (ж)	[tatuirófka]
litteken (het)	шрам (м)	[ʃrám]

Kleding en accessoires

30. Bovenkleding. Jassen

kleren (mv.)	одежда (ж)	[ɔdéʒda]
bovenkleding (de)	верхняя одежда (ж)	[vérhnʲaja ɔdéʒda]
winterkleding (de)	зимняя одежда (ж)	[zímnʲaja ɔdéʒda]
jas (de)	пальто (с)	[palʲtó]
bontjas (de)	шуба (ж)	[ʃúba]
bontjasje (het)	полушубок (м)	[pɔluʃúbɔk]
donzen jas (de)	пуховик (м)	[puhɔvík]
jasje (bijv. een leren ~)	куртка (ж)	[kúrtka]
regenjas (de)	плащ (м)	[pláʃ]
waterdicht (bn)	непромокаемый	[neprɔmɔkáemʲij]

31. Heren & dames kleding

overhemd (het)	рубашка (ж)	[rubáʃka]
broek (de)	брюки (мн)	[brʲúki]
jeans (de)	джинсы (мн)	[dʒĩnsɨ]
colbert (de)	пиджак (м)	[pidʒák]
kostuum (het)	костюм (м)	[kɔstʲúm]
jurk (de)	платье (с)	[plátje]
rok (de)	юбка (ж)	[júpka]
blouse (de)	блузка (ж)	[blúska]
wollen vest (de)	кофта (ж)	[kófta]
blazer (kort jasje)	жакет (м)	[ʒakét]
T-shirt (het)	футболка (ж)	[futbólka]
shorts (mv.)	шорты (мн)	[ʃórtɨ]
trainingspak (het)	спортивный костюм (м)	[spɔrtívnɨj kɔstʲúm]
badjas (de)	халат (м)	[halát]
pyjama (de)	пижама (ж)	[piʒáma]
sweater (de)	свитер (м)	[svítɛr]
pullover (de)	пуловер (м)	[pulóver]
gilet (het)	жилет (м)	[ʒilét]
rokkostuum (het)	фрак (м)	[frák]
smoking (de)	смокинг (м)	[smóking]
uniform (het)	форма (ж)	[fórma]
werkkleding (de)	рабочая одежда (ж)	[rabótʃaja ɔdéʒda]
overall (de)	комбинезон (м)	[kɔmbinezón]
doktersjas (de)	халат (м)	[halát]

32. Kleding. Ondergoed

ondergoed (het)	бельё (с)	[beljǿ]
herenslip (de)	трусы (м)	[trusī]
slipjes (mv.)	бельё (с)	[beljǿ]
onderhemd (het)	майка (ж)	[májka]
sokken (mv.)	носки (мн)	[nɔskí]

nachthemd (het)	ночная рубашка (ж)	[nɔtʃnája rubáʃka]
beha (de)	бюстгальтер (м)	[bʲusgálʲter]
kniekousen (mv.)	гольфы (мн)	[gólʲfi]
panty (de)	колготки (мн)	[kɔlgótki]
nylonkousen (mv.)	чулки (мн)	[tʃʲulkí]
badpak (het)	купальник (м)	[kupálʲnik]

33. Hoofddeksels

hoed (de)	шапка (ж)	[ʃápka]
deukhoed (de)	шляпа (ж)	[ʃlʲápa]
honkbalpet (de)	бейсболка (ж)	[bejzbólka]
kleppet (de)	кепка (ж)	[képka]

baret (de)	берет (м)	[berét]
kap (de)	капюшон (м)	[kapʲuʃón]
panamahoed (de)	панамка (ж)	[panámka]
gebreide muts (de)	вязаная шапочка (ж)	[vʲázanaja ʃápɔtʃka]

hoofddoek (de)	платок (м)	[platók]
dameshoed (de)	шляпка (ж)	[ʃlʲápka]

veiligheidshelm (de)	каска (ж)	[káska]
veldmuts (de)	пилотка (ж)	[pilótka]
helm, valhelm (de)	шлем (м)	[ʃlém]

bolhoed (de)	котелок (м)	[kɔtelók]
hoge hoed (de)	цилиндр (м)	[tsilíndr]

34. Schoeisel

schoeisel (het)	обувь (ж)	[óbufʲ]
schoenen (mv.)	ботинки (мн)	[bɔtínki]
vrouwenschoenen (mv.)	туфли (мн)	[túfli]
laarzen (mv.)	сапоги (мн)	[sapɔgí]
pantoffels (mv.)	тапочки (мн)	[tápɔtʃki]

sportschoenen (mv.)	кроссовки (мн)	[krɔsófki]
sneakers (mv.)	кеды (мн)	[kédi]
sandalen (mv.)	сандалии (мн)	[sandálii]

schoenlapper (de)	сапожник (м)	[sapóʒnik]
hiel (de)	каблук (м)	[kablúk]

paar (een ~ schoenen)	пара (ж)	[pára]
veter (de)	шнурок (м)	[ʃnurók]
rijgen (schoenen ~)	шнуровать (нсв, пх)	[ʃnurovátʲ]
schoenlepel (de)	рожок (м)	[roʒók]
schoensmeer (de/het)	крем (м) для обуви	[krém dlʲa óbuvi]

35. Textiel. Weefsel

katoen (de/het)	хлопок (м)	[hlópok]
katoenen (bn)	из хлопка	[is hlópka]
vlas (het)	лён (м)	[lʲøn]
vlas-, van vlas (bn)	из льна	[iz lʲná]

zijde (de)	шёлк (м)	[ʃólk]
zijden (bn)	шёлковый	[ʃólkovij]
wol (de)	шерсть (ж)	[ʃǽrstʲ]
wollen (bn)	шерстяной	[ʃɛrstɪnój]

fluweel (het)	бархат (м)	[bárhat]
suède (de)	замша (ж)	[zámʃa]
ribfluweel (het)	вельвет (м)	[velʲvét]

nylon (de/het)	нейлон (м)	[nejlón]
nylon-, van nylon (bn)	из нейлона	[iz nejlóna]
polyester (het)	полиэстер (м)	[poliǽstɛr]
polyester- (abn)	полиэстровый	[poliǽstrovij]

leer (het)	кожа (ж)	[kóʒa]
leren (van leer gemaak)	из кожи	[is kóʒɪ]
bont (het)	мех (м)	[méh]
bont- (abn)	меховой	[mehovój]

36. Persoonlijke accessoires

handschoenen (mv.)	перчатки (ж мн)	[pertʃátki]
wanten (mv.)	варежки (ж мн)	[váreʃki]
sjaal (fleece ~)	шарф (м)	[ʃárf]

bril (de)	очки (мн)	[otʃkí]
brilmontuur (het)	оправа (ж)	[opráva]
paraplu (de)	зонт (м)	[zónt]
wandelstok (de)	трость (ж)	[tróstʲ]
haarborstel (de)	щётка (ж) для волос	[ʃʲótka dlʲa volós]
waaier (de)	веер (м)	[véer]

das (de)	галстук (м)	[gálstuk]
strikje (het)	галстук-бабочка (м)	[gálstuk-bábotʃka]
bretels (mv.)	подтяжки (мн)	[pottʲáʃki]
zakdoek (de)	носовой платок (м)	[nosovój platók]

| kam (de) | расчёска (ж) | [raʃóska] |
| haarspeldje (het) | заколка (ж) | [zakólka] |

| schuifspeldje (het) | шпилька (ж) | [ʃpílʲka] |
| gesp (de) | пряжка (ж) | [prʲáʃka] |

| broekriem (de) | пояс (м) | [pójas] |
| draagriem (de) | ремень (м) | [reménʲ] |

handtas (de)	сумка (ж)	[súmka]
damestas (de)	сумочка (ж)	[súmɔʧka]
rugzak (de)	рюкзак (м)	[rʲukzák]

37. Kleding. Diversen

mode (de)	мода (ж)	[móda]
de mode (bn)	модный	[módnʲij]
kledingstilist (de)	модельер (м)	[mɔdɛljér]

kraag (de)	воротник (м)	[vɔrɔtník]
zak (de)	карман (м)	[karmán]
zak- (abn)	карманный	[karmánnʲij]
mouw (de)	рукав (м)	[rukáf]
lusje (het)	вешалка (ж)	[véʃəlka]
gulp (de)	ширинка (ж)	[ʃirínka]

rits (de)	молния (ж)	[mólnija]
sluiting (de)	застёжка (ж)	[zastǿʃka]
knoop (de)	пуговица (ж)	[púgɔviʦa]
knoopsgat (het)	петля (ж)	[petlʲá]
losraken (bijv. knopen)	оторваться (св, возв)	[ɔtɔrvátsa]

naaien (kleren, enz.)	шить (нсв, н/пх)	[ʃitʲ]
borduren (ww)	вышивать (нсв, н/пх)	[viʃivátʲ]
borduursel (het)	вышивка (ж)	[víʃifka]
naald (de)	иголка (ж)	[igólka]
draad (de)	нитка (ж)	[nítka]
naad (de)	шов (м)	[ʃóf]

vies worden (ww)	испачкаться (св, возв)	[ispáʧkatsa]
vlek (de)	пятно (с)	[pɪtnó]
gekreukt raken (ov. kleren)	помяться (нсв, возв)	[pɔmʲátsa]
scheuren (ov.ww.)	порвать (св, пх)	[pɔrvátʲ]
mot (de)	моль (м)	[mólʲ]

38. Persoonlijke verzorging. Schoonheidsmiddelen

tandpasta (de)	зубная паста (ж)	[zubnája pásta]
tandenborstel (de)	зубная щётка (ж)	[zubnája ʃǿtka]
tanden poetsen (ww)	чистить зубы	[ʧístitʲ zúbi]

scheermes (het)	бритва (ж)	[brítva]
scheerschuim (het)	крем (м) для бритья	[krém dlʲa britjá]
zich scheren (ww)	бриться (нсв, возв)	[brítsa]
zeep (de)	мыло (с)	[mílɔ]

shampoo (de)	шампунь (м)	[ʃampúnʲ]
schaar (de)	ножницы (мн)	[nóӡnitsi]
nagelvijl (de)	пилочка (ж) для ногтей	[pílɔtʃka dlʲa nɔktéj]
nagelknipper (de)	щипчики (мн)	[ʃʲíptʃiki]
pincet (het)	пинцет (м)	[pintsǽt]

cosmetica (mv.)	косметика (ж)	[kɔsmétika]
masker (het)	маска (ж)	[máska]
manicure (de)	маникюр (м)	[manikʲúr]
manicure doen	делать маникюр	[délatʲ manikʲúr]
pedicure (de)	педикюр (м)	[pedikʲúr]

cosmetica tasje (het)	косметичка (ж)	[kɔsmetítʃka]
poeder (de/het)	пудра (ж)	[púdra]
poederdoos (de)	пудреница (ж)	[púdrenitsa]
rouge (de)	румяна (ж)	[rumʲána]

parfum (de/het)	духи (мн)	[duhí]
eau de toilet (de)	туалэтная вода (ж)	[tualétnaja vɔdá]
lotion (de)	лосьон (м)	[lɔsjón]
eau de cologne (de)	одекɔлон (м)	[ɔdekɔlón]

oogschaduw (de)	тени (мн) для век	[téni dlʲa vék]
oogpotlood (het)	карандаш (м) для глаз	[karandáʃ dlʲa glás]
mascara (de)	тушь (ж)	[túʃ]

lippenstift (de)	губная помада (ж)	[gubnája pɔmáda]
nagellak (de)	лак (м) для ногтей	[lák dlʲa nɔktéj]
haarlak (de)	лак (м) для волос	[lák dlʲa vɔlós]
deodorant (de)	дезодорант (м)	[dezɔdɔránt]

crème (de)	крем (м)	[krém]
gezichtscrème (de)	крем (м) для лица	[krém dlʲa litsá]
handcrème (de)	крем (м) для рук	[krém dlʲa rúk]
antirimpelcrème (de)	крем (м) против морщин	[krém prótif mɔrʃín]
dagcrème (de)	дневной крем (м)	[dnevnój krém]
nachtcrème (de)	ночной крем (м)	[nɔtʃnój krém]
dag- (abn)	дневной	[dnevnój]
nacht- (abn)	ночной	[nɔtʃnój]

tampon (de)	тампɔн (м)	[tampón]
toiletpapier (het)	туалетная бумага (ж)	[tualétnaja bumága]
föhn (de)	фен (м)	[fén]

39. Juwelen

sieraden (mv.)	драгоценности (мн)	[dragɔtsǽnnosti]
edel (bijv. ~ stenen)	драгоценный	[dragɔtsǽnnij]
keurmerk (het)	проба (ж)	[próba]

ring (de)	кольцо (с)	[kɔlʲtsó]
trouwring (de)	обручальное кольцо (с)	[ɔbrutʃálʲnɔe kɔlʲtsó]
armband (de)	браслет (м)	[braslét]
oorringen (mv.)	серьги (мн)	[sérʲgi]

halssnoer (het)	ожерелье (c)	[ɔʒerélje]
kroon (de)	корона (ж)	[koróna]
kralen snoer (het)	бусы (мн)	[búsɨ]

diamant (de)	бриллиант (м)	[briljánt]
smaragd (de)	изумруд (м)	[izumrúd]
robijn (de)	рубин (м)	[rubín]
saffier (de)	сапфир (м)	[sapfír]
parel (de)	жемчуг (м)	[ʒǽmtʃʲug]
barnsteen (de)	янтарь (м)	[jɪntárʲ]

40. Horloges. Klokken

polshorloge (het)	часы (мн)	[tʃasī]
wijzerplaat (de)	циферблат (м)	[tsiferblát]
wijzer (de)	стрелка (ж)	[strélka]
metalen horlogeband (de)	браслет (м)	[braslét]
horlogebandje (het)	ремешок (м)	[remeʃók]

batterij (de)	батарейка (ж)	[bataréjka]
leeg zijn (ww)	сесть (св, нпх)	[séstʲ]
batterij vervangen	поменять батарейку	[pomenʲátʲ bataréjku]
voorlopen (ww)	спешить (нсв, нпх)	[speʃɪtʲ]
achterlopen (ww)	отставать (нсв, нпх)	[ɔtstavátʲ]

wandklok (de)	настенные часы (мн)	[nasténnie tʃasī]
zandloper (de)	песочные часы (мн)	[pesótʃnie tʃasī]
zonnewijzer (de)	солнечные часы (мн)	[sólnetʃnie tʃasī]
wekker (de)	будильник (м)	[budílʲnik]
horlogemaker (de)	часовщик (м)	[tʃasofʃík]
repareren (ww)	ремонтировать (нсв, пх)	[remɔntírovatʲ]

44

Voedsel. Voeding

41. Voedsel

vlees (het)	мясо (с)	[mʲásɔ]
kip (de)	курица (ж)	[kúritsa]
kuiken (het)	цыплёнок (м)	[tsiplǿnɔk]
eend (de)	утка (ж)	[útka]
gans (de)	гусь (м)	[gúsʲ]
wild (het)	дичь (ж)	[dítʃʲ]
kalkoen (de)	индейка (ж)	[indéjka]

varkensvlees (het)	свинина (ж)	[svinína]
kalfsvlees (het)	телятина (ж)	[telʲátina]
schapenvlees (het)	баранина (ж)	[baránina]
rundvlees (het)	говядина (ж)	[govʲádina]
konijnenvlees (het)	кролик (м)	[królik]

worst (de)	колбаса (ж)	[kɔlbasá]
saucijs (de)	сосиска (ж)	[sɔsíska]
spek (het)	бекон (м)	[bekón]
ham (de)	ветчина (ж)	[vettʃiná]
gerookte achterham (de)	окорок (м)	[ókɔrɔk]

paté (de)	паштет (м)	[paʃtét]
lever (de)	печень (ж)	[pétʃenʲ]
gehakt (het)	фарш (м)	[fárʃ]
tong (de)	язык (м)	[jɪzĩk]

ei (het)	яйцо (с)	[jijtsó]
eieren (mv.)	яйца (мн)	[jájtsa]
eiwit (het)	белок (м)	[belók]
eigeel (het)	желток (м)	[ʒeltók]

vis (de)	рыба (ж)	[rĩba]
zeevruchten (mv.)	морепродукты (мн)	[more·prodúkti]
schaaldieren (mv.)	ракообразные (мн)	[rakɔobráznie]
kaviaar (de)	икра (ж)	[ikrá]

krab (de)	краб (м)	[kráb]
garnaal (de)	креветка (ж)	[krevétka]
oester (de)	устрица (ж)	[ústritsa]
langoest (de)	лангуст (м)	[langúst]
octopus (de)	осьминог (м)	[ɔsʲminóg]
inktvis (de)	кальмар (м)	[kalʲmár]

steur (de)	осетрина (ж)	[ɔsetrína]
zalm (de)	лосось (м)	[lɔsósʲ]
heilbot (de)	палтус (м)	[páltus]
kabeljauw (de)	треска (ж)	[treská]

makreel (de)	скумбрия (ж)	[skúmbrija]
tonijn (de)	тунец (м)	[tunéts]
paling (de)	угорь (м)	[úgorʲ]

forel (de)	форель (ж)	[forǽlʲ]
sardine (de)	сардина (ж)	[sardína]
snoek (de)	щука (ж)	[ʃúka]
haring (de)	сельдь (ж)	[sélʲtʲ]

brood (het)	хлеб (м)	[hléb]
kaas (de)	сыр (м)	[sɨr]
suiker (de)	сахар (м)	[sáhar]
zout (het)	соль (ж)	[sólʲ]

rijst (de)	рис (м)	[rís]
pasta (de)	макароны (мн)	[makaróni]
noedels (mv.)	лапша (ж)	[lapʃá]

boter (de)	сливочное масло (с)	[slívotʃnoe máslo]
plantaardige olie (de)	растительное масло (с)	[rastítelʲnoe máslo]
zonnebloemolie (de)	подсолнечное масло (с)	[potsólnetʃnoe máslo]
margarine (de)	маргарин (м)	[margarín]

| olijven (mv.) | оливки (мн) | [olífki] |
| olijfolie (de) | оливковое масло (с) | [olífkovoe máslo] |

melk (de)	молоко (с)	[molokó]
gecondenseerde melk (de)	сгущённое молоко (с)	[sguʃǿnoe molokó]
yoghurt (de)	йогурт (м)	[jógurt]
zure room (de)	сметана (ж)	[smetána]
room (de)	сливки (мн)	[slífki]

| mayonaise (de) | майонез (м) | [majinǽs] |
| crème (de) | крем (м) | [krém] |

graan (het)	крупа (ж)	[krupá]
meel (het), bloem (de)	мука (ж)	[muká]
conserven (mv.)	консервы (мн)	[konsérvi]

maïsvlokken (mv.)	кукурузные хлопья (мн)	[kukurúznie hlópja]
honing (de)	мёд (м)	[mǿd]
jam (de)	джем, конфитюр (м)	[dʒǽm], [konfitʲúr]
kauwgom (de)	жевательная резинка (м)	[ʒevátelʲnaja rezínka]

42. Drankjes

water (het)	вода (ж)	[vodá]
drinkwater (het)	питьевая вода (ж)	[pitjevája vodá]
mineraalwater (het)	минеральная вода (ж)	[minerálʲnaja vodá]

zonder gas	без газа	[bez gáza]
koolzuurhoudend (bn)	газированная	[gazíróvanaja]
bruisend (bn)	с газом	[s gázom]
ijs (het)	лёд (м)	[lǿd]

met ijs	со льдом	[sɔ lʲdóm]
alcohol vrij (bn)	безалкогольный	[bezalkɔgólʲnij]
alcohol vrije drank (de)	безалкогольный напиток (м)	[bezalkɔgólʲnij napítɔk]
frisdrank (de)	прохладительный напиток (м)	[prɔhladítelʲnij napítɔk]
limonade (de)	лимонад (м)	[limɔnád]

alcoholische dranken (mv.)	алкогольные напитки (мн)	[alkɔgólʲnie napítki]
wijn (de)	вино (с)	[vinó]
witte wijn (de)	белое вино (с)	[bélɔe vinó]
rode wijn (de)	красное вино (с)	[krásnɔe vinó]

likeur (de)	ликёр (м)	[likǿr]
champagne (de)	шампанское (с)	[ʃampánskɔe]
vermout (de)	вермут (м)	[vérmut]

whisky (de)	виски (с)	[víski]
wodka (de)	водка (ж)	[vótka]
gin (de)	джин (м)	[dʒīn]
cognac (de)	коньяк (м)	[kɔnják]
rum (de)	ром (м)	[róm]

koffie (de)	кофе (м)	[kófe]
zwarte koffie (de)	чёрный кофе (м)	[tʃórnij kófe]
koffie (de) met melk	кофе (м) с молоком	[kófe s mɔlɔkóm]
cappuccino (de)	кофе (м) со сливками	[kófe sɔ slífkami]
oploskoffie (de)	растворимый кофе (м)	[rastvɔrímij kófe]

melk (de)	молоко (с)	[mɔlɔkó]
cocktail (de)	коктейль (м)	[kɔktǽjlʲ]
milkshake (de)	молочный коктейль (м)	[mɔlótʃnij kɔktǽjlʲ]

sap (het)	сок (м)	[sók]
tomatensap (het)	томатный сок (м)	[tɔmátnij sók]
sinaasappelsap (het)	апельсиновый сок (м)	[apelʲsínɔvij sók]
vers geperst sap (het)	свежевыжатый сок (м)	[sveʒe·vīʒatij sók]

bier (het)	пиво (с)	[pívɔ]
licht bier (het)	светлое пиво (с)	[svétlɔe pívɔ]
donker bier (het)	тёмное пиво (с)	[tǿmnɔe pívɔ]

thee (de)	чай (м)	[tʃáj]
zwarte thee (de)	чёрный чай (м)	[tʃórnij tʃáj]
groene thee (de)	зелёный чай (м)	[zelǿnij tʃáj]

43. Groenten

| groenten (mv.) | овощи (м мн) | [óvɔʃi] |
| verse kruiden (mv.) | зелень (ж) | [zélenʲ] |

tomaat (de)	помидор (м)	[pɔmidór]
augurk (de)	огурец (м)	[ɔguréts]
wortel (de)	морковь (ж)	[mɔrkófʲ]

aardappel (de)	картофель (м)	[kartófelʲ]
ui (de)	лук (м)	[lúk]
knoflook (de)	чеснок (м)	[ʧesnók]

kool (de)	капуста (ж)	[kapústa]
bloemkool (de)	цветная капуста (ж)	[ʦvetnája kapústa]
spruitkool (de)	брюссельская капуста (ж)	[brʲusélʲskaja kapústa]
broccoli (de)	капуста брокколи (ж)	[kapústa brókɔli]

rode biet (de)	свёкла (ж)	[svǿkla]
aubergine (de)	баклажан (м)	[baklaʒán]
courgette (de)	кабачок (м)	[kabaʧók]
pompoen (de)	тыква (ж)	[tĭkva]
raap (de)	репа (ж)	[répa]

peterselie (de)	петрушка (ж)	[petrúʃka]
dille (de)	укроп (м)	[ukróp]
sla (de)	салат (м)	[salát]
selderij (de)	сельдерей (м)	[selʲderéj]
asperge (de)	спаржа (ж)	[spárʒa]
spinazie (de)	шпинат (м)	[ʃpinát]

erwt (de)	горох (м)	[gɔróh]
bonen (mv.)	бобы (мн)	[bɔbĭ]
maïs (de)	кукуруза (ж)	[kukurúza]
nierboon (de)	фасоль (ж)	[fasólʲ]

peper (de)	перец (м)	[péreʦ]
radijs (de)	редис (м)	[redís]
artisjok (de)	артишок (м)	[artiʃók]

44. Vruchten. Noten

vrucht (de)	фрукт (м)	[frúkt]
appel (de)	яблоко (с)	[jáblɔkɔ]
peer (de)	груша (ж)	[grúʃa]
citroen (de)	лимон (м)	[limón]
sinaasappel (de)	апельсин (м)	[apelʲsín]
aardbei (de)	клубника (ж)	[klubníka]

mandarijn (de)	мандарин (м)	[mandarín]
pruim (de)	слива (ж)	[slíva]
perzik (de)	персик (м)	[pérsik]
abrikoos (de)	абрикос (м)	[abrikós]
framboos (de)	малина (ж)	[malína]
ananas (de)	ананас (м)	[ananás]

banaan (de)	банан (м)	[banán]
watermeloen (de)	арбуз (м)	[arbús]
druif (de)	виноград (м)	[vinɔgrád]
zure kers (de)	вишня (ж)	[víʃnʲa]
zoete kers (de)	черешня (ж)	[ʧeréʃnʲa]
meloen (de)	дыня (ж)	[dĭnʲa]
grapefruit (de)	грейпфрут (м)	[gréjpfrut]

avocado (de)	авокадо (c)	[avɔkádɔ]
papaja (de)	папайя (ж)	[papája]
mango (de)	манго (c)	[mángɔ]
granaatappel (de)	гранат (м)	[granát]

rode bes (de)	красная смородина (ж)	[krásnaja smɔródina]
zwarte bes (de)	чёрная смородина (ж)	[ʧórnaja smɔródina]
kruisbes (de)	крыжовник (м)	[kriʒóvnik]
blauwe bosbes (de)	черника (ж)	[ʧerníka]
braambes (de)	ежевика (ж)	[eʒevíka]

rozijn (de)	изюм (м)	[izʲúm]
vijg (de)	инжир (м)	[inʒīr]
dadel (de)	финик (м)	[fínik]

pinda (de)	арахис (м)	[aráhis]
amandel (de)	миндаль (м)	[mindálʲ]
walnoot (de)	грецкий орех (м)	[gréʦkij ɔréh]
hazelnoot (de)	лесной орех (м)	[lesnój ɔréh]
kokosnoot (de)	кокосовый орех (м)	[kɔkósɔvij ɔréh]
pistaches (mv.)	фисташки (мн)	[fistáʃki]

45. Brood. Snoep

suikerbakkerij (de)	кондитерские изделия (мн)	[kɔndíterskie izdélija]
brood (het)	хлеб (м)	[hléb]
koekje (het)	печенье (c)	[peʧénje]

chocolade (de)	шоколад (м)	[ʃɔkɔlád]
chocolade- (abn)	шоколадный	[ʃɔkɔládnij]
snoepje (het)	конфета (ж)	[kɔnféta]
cakeje (het)	пирожное (c)	[piróʒnɔe]
taart (bijv. verjaardags~)	торт (м)	[tórt]

| pastei (de) | пирог (м) | [piróg] |
| vulling (de) | начинка (ж) | [natʃínka] |

confituur (de)	варенье (c)	[varénje]
marmelade (de)	мармелад (м)	[marmelád]
wafel (de)	вафли (мн)	[váfli]
ijsje (het)	мороженое (c)	[mɔróʒenɔe]
pudding (de)	пудинг (м)	[púding]

46. Bereide gerechten

gerecht (het)	блюдо (c)	[blʲúdɔ]
keuken (bijv. Franse ~)	кухня (ж)	[kúhnʲa]
recept (het)	рецепт (м)	[reʦéept]
portie (de)	порция (ж)	[pórʦija]

| salade (de) | салат (м) | [salát] |
| soep (de) | суп (м | [súp] |

bouillon (de)	бульон (м)	[buljón]
boterham (de)	бутерброд (м)	[buterbród]
spiegelei (het)	яичница (ж)	[iiʃnitsa]

| hamburger (de) | гамбургер (м) | [gámburger] |
| biefstuk (de) | бифштекс (м) | [bifʃtæks] |

garnering (de)	гарнир (м)	[garnír]
spaghetti (de)	спагетти (мн)	[spagéti]
aardappelpuree (de)	картофельное пюре (с)	[kartófelʲnɔe pʲuré]
pizza (de)	пицца (ж)	[pítsa]
pap (de)	каша (ж)	[káʃa]
omelet (de)	омлет (м)	[ɔmlét]

gekookt (in water)	варёный	[varǿnij]
gerookt (bn)	копчёный	[kɔptʃónij]
gebakken (bn)	жареный	[ʒárenij]
gedroogd (bn)	сушёный	[suʃónij]
diepvries (bn)	замороженный	[zamɔróʒenij]
gemarineerd (bn)	маринованный	[marinóvanij]

zoet (bn)	сладкий	[slátkij]
gezouten (bn)	солёный	[sɔlǿnij]
koud (bn)	холодный	[hɔlódnij]
heet (bn)	горячий	[gɔrʲátʃij]
bitter (bn)	горький	[górʲkij]
lekker (bn)	вкусный	[fkúsnij]

koken (in kokend water)	варить (нсв, пх)	[varítʲ]
bereiden (avondmaaltijd ~)	готовить (нсв, пх)	[gɔtóvitʲ]
bakken (ww)	жарить (нсв, пх)	[ʒáritʲ]
opwarmen (ww)	разогревать (нсв, пх)	[razɔgrevátʲ]

zouten (ww)	солить (нсв, пх)	[sɔlítʲ]
peperen (ww)	перчить (нсв, пх)	[pértʃitʲ], [pertʃítʲ]
raspen (ww)	тереть (нсв, пх)	[terétʲ]
schil (de)	кожура (ж)	[kɔʒurá]
schillen (ww)	чистить (нсв, пх)	[tʃístitʲ]

47. Kruiden

zout (het)	соль (ж)	[sólʲ]
gezouten (bn)	солёный	[sɔlǿnij]
zouten (ww)	солить (нсв, пх)	[sɔlítʲ]

zwarte peper (de)	чёрный перец (м)	[tʃórnij pérets]
rode peper (de)	красный перец (м)	[krásnij pérets]
mosterd (de)	горчица (ж)	[gɔrtʃítsa]
mierikswortel (de)	хрен (м)	[hrén]

condiment (het)	приправа (ж)	[pripráva]
specerij, kruiderij (de)	пряность (ж)	[prʲánɔstʲ]
saus (de)	соус (м)	[sóus]
azijn (de)	уксус (м)	[úksus]

anijs (de)	анис м)	[anís]
basilicum (de)	базилик (м)	[bazilík]
kruidnagel (de)	гвоздика (ж)	[gvozdíka]
gember (de)	имбирь (м)	[imbír']
koriander (de)	кориандр (м)	[koriándr]
kaneel (de/het)	корица (ж)	[korítsa]

sesamzaad (het)	кунжут (м)	[kunʒút]
laurierblad (het)	лавровый лист (м)	[lavróvij líst]
paprika (de)	паприка (ж)	[páprika]
komijn (de)	тмин (м)	[tmín]
saffraan (de)	шафран (м)	[ʃafrán]

48. Maaltijden

eten (het)	еда (ж)	[edá]
eten (ww)	есть (нсв, н/пх)	[ést']

ontbijt (het)	завтрак (м)	[záftrak]
ontbijten (ww)	завтракать (нсв, нпх)	[záftrakat']
lunch (de)	обед (м)	[obéd]
lunchen (ww)	обедать (нсв, нпх)	[obédat']
avondeten (het)	ужин (м)	[úʒin]
souperen (ww)	ужинать (нсв, нпх)	[úʒɨnat']

eetlust (de)	аппетит (м)	[apetít]
Eet smakelijk!	Приятного аппетита!	[prijátnovo apetíta]

openen (een fles ~)	открывать (нсв, пх)	[otkrivát']
morsen (koffie, enz.)	пролить (св, пх)	[prolít']
zijn gemorst	пролиться (св, возв)	[prolítsa]

koken (water kookt bij 100°C)	кипеть (нсв, нпх)	[kipét']
koken (Hoe om water te ~)	кипятить (нсв, пх)	[kipitít']
gekookt (~ water)	кипячёный	[kipitʃónij]
afkoelen (koeler maken)	охладить (св, пх)	[ohladít']
afkoelen (koeler worden)	охлаждаться (нсв, возв)	[ohlaʒdátsa]

smaak (de)	вкус (м)	[fkús]
nasmaak (de)	привкус (м)	[prífkus]

volgen een dieet	худеть (нсв, нпх)	[hudét']
dieet (het)	диета (ж)	[diéta]
vitamine (de)	витамин (м)	[vitamín]
calorie (de)	калория (ж)	[kalórija]
vegetariër (de)	вегетарианец (м)	[vegetariánets]
vegetarisch (bn)	вегетарианский	[vegetariánskij]

vetten (mv.)	жиры (мн)	[ʒirí]
eiwitten (mv.)	белки (мн)	[belkí]
koolhydraten (mv.)	углеводы (мн)	[uglevódi]
snede (de)	ломтик (м)	[lómtik]
stuk (bijv. een ~ taart)	кусок (м)	[kusók]
kruimel (de)	крошка (ж)	[króʃka]

49. Tafelschikking

lepel (de)	ложка (ж)	[lóʃka]
mes (het)	нож (м)	[nóʃ]
vork (de)	вилка (ж)	[vílka]
kopje (het)	чашка (ж)	[ʧáʃka]
bord (het)	тарелка (ж)	[tarélka]
schoteltje (het)	блюдце (c)	[blʲúʦe]
servet (het)	салфетка (ж)	[salfétka]
tandenstoker (de)	зубочистка (ж)	[zubɔʧístka]

50. Restaurant

restaurant (het)	ресторан (м)	[restɔrán]
koffiehuis (het)	кофейня (ж)	[kɔféjnʲa]
bar (de)	бар (м)	[bár]
tearoom (de)	чайный салон (м)	[ʧájnɨj salón]
kelner, ober (de)	официант (м)	[ɔfiʦiánt]
serveerster (de)	официантка (ж)	[ɔfiʦiántka]
barman (de)	бармен (м)	[bármɛn]
menu (het)	меню (c)	[menʲú]
wijnkaart (de)	карта (ж) вин	[kárta vín]
een tafel reserveren	забронировать столик	[zabrɔnírɔvatʲ stólik]
gerecht (het)	блюдо (c)	[blʲúdɔ]
bestellen (eten ~)	заказать (св, пх)	[zakazátʲ]
een bestelling maken	сделать заказ	[zdélatʲ zakás]
aperitief (de/het)	аперитив (м)	[aperitíf]
voorgerecht (het)	закуска (ж)	[zakúska]
dessert (het)	десерт (м)	[desért]
rekening (de)	счёт (м)	[ʃǿt]
de rekening betalen	оплатить счёт	[ɔplatítʲ ʃǿt]
wisselgeld teruggeven	дать сдачу	[dátʲ zdáʧu]
fooi (de)	чаевые (мн)	[ʧaevíe]

Familie, verwanten en vrienden

naam (de)	имя (с)	[ímʲa]
achternaam (de)	фамилия (ж)	[famílija]
geboortedatum (de)	дата (ж) рождения	[dáta rɔʒdénija]
geboorteplaats (de)	место (с) рождения	[méstɔ rɔʒdénija]

nationaliteit (de)	национальность (ж)	[natsiɔnálʲnɔstʲ]
woonplaats (de)	место (с) жительства	[méstɔ ʒítelʲstva]
land (het)	страна (ж)	[straná]
beroep (het)	профессия (ж)	[prɔfésija]

geslacht (ov. het vrouwelijk ~)	пол (м)	[pól]
lengte (de)	рост (м)	[róst]
gewicht (het)	вес (м)	[vés]

moeder (de)	мать (ж)	[mátʲ]
vader (de)	отец (м)	[ɔtéts]
zoon (de)	сын (м)	[sīn]
dochter (de)	дочь (ж)	[dótʃ]

jongste dochter (de)	младшая дочь (ж)	[mládʃaja dótʃ]
jongste zoon (de)	младший сын (м)	[mládʃij sīn]
oudste dochter (de)	старшая дочь (ж)	[stárʃaja dótʃ]
oudste zoon (de)	старший сын (м)	[stárʃij sīn]

| broer (de) | брат (м) | [brát] |
| zuster (de) | сестра (ж) | [sestrá] |

neef (zoon van oom, tante)	двоюродный брат (м)	[dvɔjúrɔdnij brát]
nicht (dochter van oom, tante)	двоюродная сестра (ж)	[dvɔjúrɔdnaja sestrá]
mama (de)	мама (ж)	[máma]
papa (de)	папа (м)	[pápa]
ouders (mv.)	родители (мн)	[rɔdíteli]
kind (het)	ребёнок (м)	[rebǿnɔk]
kinderen (mv.)	дети (мн)	[déti]

oma (de)	бабушка (ж)	[bábuʃka]
opa (de)	дедушка (м)	[déduʃka]
kleinzoon (de)	внук (м)	[vnúk]
kleindochter (de)	внучка (ж)	[vnútʃka]
kleinkinderen (mv.)	внуки (мн)	[vnúki]

oom (de)	дядя (м)	[dʲádʲa]
tante (de)	тётя (ж)	[tɵtʲa]
neef (zoon van broer, zus)	племянник (м)	[plemʲánik]
nicht (dochter van broer, zus)	племянница (ж)	[plemʲánitsa]

schoonmoeder (de)	тёща (ж)	[tɵʃa]
schoonvader (de)	свёкор (м)	[svɵkɔr]
schoonzoon (de)	зять (м)	[zʲátʲ]
stiefmoeder (de)	мачеха (ж)	[mátʃeha]
stiefvader (de)	отчим (м)	[óttʃim]

zuigeling (de)	грудной ребёнок (м)	[grudnój rebɵnɔk]
wiegenkind (het)	младенец (м)	[mladénets]
kleuter (de)	малыш (м)	[malɨʃ]

vrouw (de)	жена (ж)	[ʒená]
man (de)	муж (м)	[múʃ]
echtgenoot (de)	супруг (м)	[suprúg]
echtgenote (de)	супруга (ж)	[suprúga]

gehuwd (mann.)	женатый	[ʒenátij]
gehuwd (vrouw.)	замужняя	[zamúʒnʲaja]
ongehuwd (mann.)	холостой	[hɔlɔstój]
vrijgezel (de)	холостяк (м)	[hɔlɔstʲák]
gescheiden (bn)	разведённый	[razvedɵnnij]
weduwe (de)	вдова (ж)	[vdɔvá]
weduwnaar (de)	вдовец (м)	[vdɔvéts]

familielid (het)	родственник (м)	[rótstvenik]
dichte familielid (het)	близкий родственник (м)	[blískij rótstvenik]
verre familielid (het)	дальний родственник (м)	[dálʲnij rótstvenik]
familieleden (mv.)	родные (мн)	[rɔdnĩje]

wees (weesjongen)	сирота (м)	[sirɔtá]
wees (weesmeisje)	сирота (ж)	[sirɔtá]
voogd (de)	опекун (м)	[ɔpekún]
adopteren (een jongen te ~)	усыновить (св, пх)	[usinɔvítʲ]
adopteren (een meisje te ~)	удочерить (св, пх)	[udɔtʃerítʲ]

53. Vrienden. Collega's

vriend (de)	друг (м)	[drúg]
vriendin (de)	подруга (ж)	[pɔdrúga]
vriendschap (de)	дружба (ж)	[drúʒba]
bevriend zijn (ww)	дружить (нсв, нпх)	[druʒĩtʲ]

makker (de)	приятель (м)	[prijátelʲ]
vriendin (de)	приятельница (ж)	[prijátelʲnitsa]
partner (de)	партнёр (м)	[partnɵr]

chef (de)	шеф (м)	[ʃæf]
baas (de)	начальник (м)	[natʃálʲnik]
eigenaar (de)	владелец (м)	[vladélets]
ondergeschikte (de)	подчинённый (м)	[pɔttʃinɵnnij]

collega (de)	коллега (м)	[koléga]
kennis (de)	знакомый (м)	[znakómij]
medereiziger (de)	попутчик (м)	[popúttʃik]
klasgenoot (de)	одноклассник (м)	[odnoklásnik]

buurman (de)	сосед (м)	[soséd]
buurvrouw (de)	соседка (ж)	[sosétka]
buren (mv.)	соседи (мн)	[sosédi]

54. Man. Vrouw

vrouw (de)	женщина (ж)	[ʒǽnʃina]
meisje (het)	девушка (ж)	[dévuʃka]
bruid (de)	невеста (ж)	[nevésta]

mooi(e) (vrouw, meisje)	красивая	[krasívaja]
groot, grote (vrouw, meisje)	высокая	[visókaja]
slank(e) (vrouw, meisje)	стройная	[strójnaja]
korte, kleine (vrouw, meisje)	невысокого роста	[nevisókovo rósta]

| blondine (de) | блондинка (ж) | [blondínka] |
| brunette (de) | брюнэтка (ж) | [brʲunétka] |

dames- (abn)	дамский	[dámskij]
maagd (de)	девственница (ж)	[défstvenitsa]
zwanger (bn)	беременная	[berémennaja]

man (de)	мужчина (м)	[muʃína]
blonde man (de)	блондин (м)	[blondín]
bruinharige man (de)	брюнэт (м)	[brʲunét]
groot (bn)	высокий	[visókij]
klein (bn)	невысокого роста	[nevisókovo rósta]

onbeleefd (bn)	грубый	[grúbij]
gedrongen (bn)	коренастый	[korenástij]
robuust (bn)	крепкий	[krépkij]
sterk (bn)	сильный	[sílʲnij]
sterkte (de)	сила (ж)	[síla]

mollig (bn)	полный	[pólnij]
getaand (bn)	смуглый	[smúglij]
slank (bn)	стройный	[strójnij]
elegant (bn)	элегантный	[ɛlegántnij]

55. Leeftijd

leeftijd (de)	возраст (м)	[vózrast]
jeugd (de)	юность (ж)	[júnostʲ]
jong (bn)	молодой	[molodój]

| jonger (bn) | младше | [mládʃɛ] |
| ouder (bn) | старше | [stárʃɛ] |

jongen (de)	юноша (м)	[júnɔʃa]
tiener, adolescent (de)	подросток (м)	[pɔdróstɔk]
kerel (de)	парень (м)	[párenʲ]

| oude man (de) | старик (м) | [starík] |
| oude vrouw (de) | старая женщина (ж) | [stáraja ʒǽnʃina] |

volwassen (bn)	взрослый	[vzróslij]
van middelbare leeftijd (bn)	средних лет	[srédnih lét]
bejaard (bn)	пожилой	[pɔʒilój]
oud (bn)	старый	[stárij]

pensioen (het)	пенсия (ж)	[pénsija]
met pensioen gaan	уйти на пенсию	[ujtí na pénsiju]
gepensioneerde (de)	пенсионер (ж)	[pensiɔnér]

56. Kinderen

kind (het)	ребёнок (м)	[rebǿnɔk]
kinderen (mv.)	дети (мн)	[déti]
tweeling (de)	близнецы (мн)	[blizneʦ̄ī]

wieg (de)	люлька (ж), колыбель (ж)	[lʲúlʲka], [kɔlɨbélʲ]
rammelaar (de)	погремушка (ж)	[pɔgremúʃka]
luier (de)	подгузник (м)	[pɔdgúznik]

| speen (de) | соска (ж) | [sóska] |
| kinderwagen (de) | коляска (ж) | [kɔlʲáska] |

| kleuterschool (de) | детский сад (м) | [détskij sád] |
| babysitter (de) | няня (ж) | [nʲánʲa] |

| kindertijd (de) | детство (с) | [détstvɔ] |
| pop (de) | кукла (ж) | [kúkla] |

| speelgoed (het) | игрушка (ж) | [igrúʃka] |
| bouwspeelgoed (het) | конструктор (м) | [kɔnstrúktɔr] |

welopgevoed (bn)	воспитанный	[vɔspítanij]
onopgevoed (bn)	невоспитанный	[nevɔspítanij]
verwend (bn)	избалованный	[izbalóvannij]

| stout zijn (ww) | шалить (нсв, нпх) | [ʃalítʲ] |
| stout (bn) | шаловливый | [ʃalɔvlívij] |

| stoutheid (de) | шалость (ж) | [ʃálɔstʲ] |
| stouterd (de) | шалун (м) | [ʃalún] |

| gehoorzaam (bn) | послушный | [pɔslúʃnij] |
| ongehoorzaam (bn) | непослушный | [nepɔslúʃnij] |

braaf (bn)	умный, послушный	[úmnij], [pɔslúʃnij]
slim (verstandig)	умный, одарённый	[úmnij], [odarǿnnij]
wonderkind (het)	вундеркинд (м)	[vunderkínd]

57. Gehuwde paren. Gezinsleven

kussen (een kus geven)	целовать (нсв, пх)	[tsɛlovátʲ]
elkaar kussen (ww)	целоваться (нсв, возв)	[tsɛlovátsa]
gezin (het)	семья (ж)	[semjá]
gezins- (abn)	семейный	[seméjnij]
paar (het)	пара вк), чета (ж)	[pára], [tʃetá]
huwelijk (het)	брак (м)	[brák]
thuis (het)	домашний очаг (м)	[domáʃnij ɔtʃág]
dynastie (de)	династия (ж)	[dinástija]
date (de)	свидание (с)	[svidánie]
zoen (de)	поцелуй (м)	[potsɛlúj]
liefde (de)	любовь (ж)	[lʲubófʲ]
liefhebben (ww)	любить (нсв, пх)	[lʲubítʲ]
geliefde (bn)	любимый	[lʲubímij]
tederheid (de)	нежность (ж)	[néʒnostʲ]
teder (bn)	нежный	[néʒnij]
trouw (de)	верность (ж)	[vérnostʲ]
trouw (bn)	верный	[vérnij]
zorg (bijv. bejaarden~)	забота (ж)	[zabóta]
zorgzaam (bn)	заботливый	[zabótlivij]
jonggehuwden (mv.)	молодожёны (мн)	[molodoʒóni]
wittebroodsweken (mv.)	медовый месяц (м)	[medóvij mésits]
trouwen (vrouw)	выйти замуж	[vɨ̄jti zámuʃ]
trouwen (man)	жениться (н/св, возв)	[ʒenítsa]
bruiloft (de)	свадьба (ж)	[svátʲba]
gouden bruiloft (de)	золотая свадьба (ж)	[zolotája svátʲba]
verjaardag (de)	годовщина (ж)	[godofʃína]
minnaar (de)	любовник (м)	[lʲubóvnik]
minnares (de)	любовница (ж)	[lʲubóvnitsa]
overspel (het)	измена (ж)	[izména]
overspel plegen (ww)	изменить (св, пх)	[izmenítʲ]
jaloers (bn)	ревнивый	[revnívij]
jaloers zijn (echtgenoot, enz.)	ревновать (нсв, н/пх)	[revnovátʲ]
echtscheiding (de)	развод (м)	[razvód]
scheiden (ww)	развестись (св, возв)	[razvestísʲ]
ruzie hebben (ww)	ссориться (нсв, возв)	[ssóritsa]
vrede sluiten (ww)	мириться (нсв, возв)	[mirítsa]
samen (bw)	вместе	[vméste]
seks (de)	секс (л)	[sæks]
geluk (het)	счастье (с	[ʃʲástje]
gelukkig (bn)	счастливый	[ʃislívij]
ongeluk (het)	несчастье (с)	[neʃʲástje]
ongelukkig (bn)	несчастный	[neʃʲásnij]

Karakter. Gevoelens. Emoties

gevoel (het)	чувство (с)	[ʧústvɔ]
gevoelens (mv.)	чувства (с мн)	[ʧústva]
voelen (ww)	чувствовать (нсв, пх)	[ʧústvɔvatʲ]

honger (de)	голод (м)	[gólɔd]
honger hebben (ww)	хотеть есть	[hɔtétʲ éstʲ]
dorst (de)	жажда (ж)	[ʒáʒda]
dorst hebben	хотеть пить	[hɔtétʲ pítʲ]
slaperigheid (de)	сонливость (ж)	[sɔnlívɔstʲ]
willen slapen	хотеть спать	[hɔtétʲ spátʲ]

moeheid (de)	усталость (ж)	[ustálɔstʲ]
moe (bn)	усталый	[ustálij]
vermoeid raken (ww)	устать (св, нпх)	[ustátʲ]

stemming (de)	настроение (с)	[nastrɔénie]
verveling (de)	скука (ж)	[skúka]
zich vervelen (ww)	скучать (нсв, нпх)	[skuʧátʲ]
afzondering (de)	уединение (с)	[uedinénie]
zich afzonderen (ww)	уединиться (св, возв)	[uedinítsa]

bezorgd maken	беспокоить (нсв, пх)	[bespɔkóitʲ]
bezorgd zijn (ww)	беспокоиться (нсв, возв)	[bespɔkóitsa]
zorg (bijv. geld~en)	беспокойство (с)	[bespɔkójstvɔ]
ongerustheid (de)	тревога (ж)	[trevóga]
ongerust (bn)	озабоченный	[ɔzabóʧenij]
zenuwachtig zijn (ww)	нервничать (нсв, нпх)	[nérvniʧatʲ]
in paniek raken	паниковать (нсв, нпх)	[panikɔvátʲ]

| hoop (de) | надежда (ж) | [nadéʒda] |
| hopen (ww) | надеяться (нсв, возв) | [nadéɪtsa] |

zekerheid (de)	уверенность (ж)	[uvérenɔstʲ]
zeker (bn)	уверенный	[uvérenij]
onzekerheid (de)	неуверенность (ж)	[neuvérenɔstʲ]
onzeker (bn)	неуверенный	[neuvérennij]

dronken (bn)	пьяный	[pjánij]
nuchter (bn)	трезвый	[trézvij]
zwak (bn)	слабый	[slábij]
doen schrikken (ww)	испугать (св, пх)	[ispugátʲ]
toorn (de)	бешенство (с)	[béʃɛnstvɔ]
woede (de)	ярость (ж)	[járɔstʲ]

| depressie (de) | депрессия (ж) | [deprésija] |
| ongemak (het) | дискомфорт (м) | [diskɔmfórt] |

gemak, comfort (het)	комфорт (м)	[komfórt]
spijt hebben (ww)	сожалеть (нсв, нпх)	[soʒilét']
spijt (de)	сожаление (c)	[soʒilénie]
pech (de)	невезение (c)	[nevezénie]
bedroefdheid (de)	огорчение (c)	[ogortʃénie]

schaamte (de)	стыд (м)	[stīd]
pret (de), plezier (het)	веселье (c)	[vesélje]
enthousiasme (het)	энтузиазм (м)	[ɛntuziázm]
enthousiasteling (de)	энтузиаст (м)	[ɛntuziást]
enthousiasme vertonen	проявить энтузиазм	[projıvít' ɛntuziázm]

59. Karakter. Persoonlijkheid

karakter (het)	характер (м)	[harákter]
karakterfout (de)	недостаток (м)	[nedostátok]
verstand (het)	ум (м)	[úm]
rede (de)	разум (м)	[rázum]

geweten (het)	совесть (ж)	[sóvest']
gewoonte (de)	привычка (ж)	[privīʧka]
bekwaamheid (de)	способность (ж)	[sposóbnost']
kunnen (bijv., ~ zwemmen)	уметь	[umét']

geduldig (bn)	терпеливый	[terpelívij]
ongeduldig (bn)	нетерпеливый	[neterpelívij]
nieuwsgierig (bn)	любопытный	[l'ubopītnij]
nieuwsgierigheid (de)	любопытство (c)	[l'ubopītstvo]

bescheidenheid (de)	скромность (ж)	[skrómnost']
bescheiden (bn)	скромный	[skrómnij]
onbescheiden (bn)	нескромный	[neskrómnij]

luiheid (de)	лень (ж)	[lén']
lui (bn)	ленивый	[lenívij]
luiwammes (de)	лентяй (м)	[lent'áj]

sluwheid (de)	хитрость (ж)	[hítrost']
sluw (bn)	хитрый	[hítrij]
wantrouwen (het)	недоверие (c)	[nedovérie]
wantrouwig (bn)	недоверчивый	[nedovértʃivij]

gulheid (de)	щедрость (ж)	[ʃʲédrost']
gul (bn)	щедрый	[ʃʲédrij]
talentrijk (bn)	талантливый	[talántlivij]
talent (het)	талант (м)	[talánt]

moedig (bn)	смелый	[smélij]
moed (de)	смелость (ж)	[smélost']
eerlijk (bn)	честный	[ʧésnij]
eerlijkheid (de)	честность (ж)	[ʧésnost']

| voorzichtig (bn) | осторожный | [ostoróʒnij] |
| manhaftig (bn) | отважный | [otváʒnij] |

ernstig (bn)	серьёзный	[serjóznij]
streng (bn)	строгий	[strógij]
resoluut (bn)	решительный	[reʃíteľnij]
onzeker, irresoluut (bn)	нерешительный	[nereʃíteľnij]
schuchter (bn)	робкий	[rópkij]
schuchterheid (de)	робость (ж)	[róbostʲ]
vertrouwen (het)	доверие (с)	[dovérie]
vertrouwen (ww)	верить (нсв, пх)	[véritʲ]
goedgelovig (bn)	доверчивый	[dovértʃivij]
oprecht (bw)	искренне	[ískrene]
oprecht (bn)	искренний	[ískrenij]
oprechtheid (de)	искренность (ж)	[ískrenostʲ]
open (bn)	открытый	[otkrītij]
rustig (bn)	тихий	[tíhij]
openhartig (bn)	откровенный	[otkrovénnij]
naïef (bn)	наивный	[naívnij]
verstrooid (bn)	рассеянный	[rasséınij]
leuk, grappig (bn)	смешной	[smeʃnój]
gierigheid (de)	жадность (ж)	[ʒádnostʲ]
gierig (bn)	жадный	[ʒádnij]
inhalig (bn)	скупой	[skupój]
kwaad (bn)	злой	[zlój]
koppig (bn)	упрямый	[upriámij]
onaangenaam (bn)	неприятный	[neprijátnij]
egoïst (de)	эгоист (м)	[ɛgoíst]
egoïstisch (bn)	эгоистичный	[ɛgoistítʃnij]
lafaard (de)	трус (м)	[trús]
laf (bn)	трусливый	[truslívij]

60. Slaap. Dromen

slapen (ww)	спать (нсв, нпх)	[spátʲ]
slaap (in ~ vallen)	сон (м)	[són]
droom (de)	сон (м)	[són]
dromen (in de slaap)	видеть сны	[vídetʲ snī]
slaperig (bn)	сонный	[sónnij]
bed (het)	кровать (ж)	[krovátʲ]
matras (de)	матрас (м)	[matrás]
deken (de)	одеяло (с)	[odejálo]
kussen (het)	подушка (ж)	[podúʃka]
laken (het)	простыня (ж)	[prostiniá]
slapeloosheid (de)	бессонница (ж)	[bessónitsa]
slapeloos (bn)	бессонный	[bessónij]
slaapmiddel (het)	снотворное (с)	[snotvórnoe]
slaapmiddel innemen	принять снотворное	[priniátʲ snotvórnoe]
willen slapen	хотеть спать	[hotétʲ spátʲ]

geeuwen (ww)	зевать (нсв, нпх)	[zevátʲ]
gaan slapen	идти спать	[itʲtí spátʲ]
het bed opmaken	стелить постель	[stelítʲ postélʲ]
inslapen (ww)	заснуть (св, нпх)	[zasnútʲ]

nachtmerrie (de)	кошмар (м)	[koʃmár]
gesnurk (het)	храп (м)	[hráp]
snurken (ww)	храпеть (нсв, нпх)	[hrapétʲ]

wekker (de)	будильник (м)	[budílʲnik]
wekken (ww)	разбудить (св, пх)	[razbudítʲ]
wakker worden (ww)	просыпаться (св, возв)	[prosīpatsa]
opstaan (ww)	вставать (нсв, нпх)	[fstavátʲ]
zich wassen (ww)	умываться (нсв, возв)	[umɨvátsa]

61. Humor. Gelach. Blijdschap

humor (de)	юмор (м)	[júmor]
gevoel (het) voor humor	чувство юмора (с)	[tʃústvo júmora]
plezier hebben (ww)	веселиться (нсв, возв)	[veselítsa]
vrolijk (bn)	весёлый	[vesǿlij]
pret (de), plezier (het)	веселье (с)	[vesélje]

glimlach (de)	улыбка (ж)	[ulīpka]
glimlachen (ww)	улыбаться (нсв, возв)	[ulibátsa]
beginnen te lachen (ww)	засмеяться (св, возв)	[zasmejátsa]
lachen (ww)	смеяться (нсв, возв)	[smejátsa]
lach (de)	смех (м)	[sméh]

mop (de)	анекдот (м)	[anekdót]
grappig (een ~ verhaal)	смешной	[smeʃnój]
grappig (~e clown)	смешной	[smeʃnój]

grappen maken (ww)	шутить (нсв, нпх)	[ʃutítʲ]
grap (de)	шутка (ж)	[ʃútka]
blijheid (de)	радость (ж)	[rádostʲ]
blij zijn (ww)	радоваться (нсв, возв)	[rádovatsa]
blij (bn)	радостный	[rádosnij]

62. Discussie, conversatie. Deel 1

| communicatie (de) | общение (с) | [opʃénie] |
| communiceren (ww) | общаться (нсв, возв) | [opʃátsa] |

conversatie (de)	разговор (м)	[razgovór]
dialoog (de)	диалог (м)	[dialóg]
discussie (de)	дискуссия (ж)	[diskúsija]
debat (het)	спор (м)	[spór]
debatteren, twisten (ww)	спорить (нсв, нпх)	[spóritʲ]

| gesprekspartner (de) | собеседник (м) | [sobesédnik] |
| thema (het) | тема (ж) | [téma] |

standpunt (het)	точка (ж) зрения	[tótʃka zrénija]
mening (de)	мнение (с)	[mnénie]
toespraak (de)	речь (ж)	[rétʃʲ]

bespreking (de)	обсуждение (с)	[ɔpsuʒdénie]
bespreken (spreken over)	обсуждать (нсв, пх)	[ɔpsuʒdátʲ]
gesprek (het)	беседа (ж)	[beséda]
spreken (converseren)	беседовать (нсв, нпх)	[besédovatʲ]
ontmoeting (de)	встреча (ж)	[fstrétʃa]
ontmoeten (ww)	встречаться (нсв, возв)	[fstretʃátsa]

spreekwoord (het)	пословица (ж)	[poslóvitsa]
gezegde (het)	поговорка (ж)	[pogovórka]
raadsel (het)	загадка (ж)	[zagátka]
een raadsel opgeven	загадывать загадку	[zagádivatʲ zagátku]
wachtwoord (het)	пароль (м)	[parólʲ]
geheim (het)	секрет (м)	[sekrét]

eed (de)	клятва (ж)	[klʲátva]
zweren (een eed doen)	клясться (нсв, возв)	[klʲástsa]
belofte (de)	обещание (с)	[ɔbeʃánie]
beloven (ww)	обещать (н/св, пх)	[ɔbeʃátʲ]

advies (het)	совет (м)	[sɔvét]
adviseren (ww)	советовать (нсв, пх)	[sɔvétovatʲ]
advies volgen (iemands ~)	следовать совету	[slédɔvatʲ sɔvétu]
luisteren (gehoorzamen)	слушаться (нсв, возв)	[slúʃatsa]

nieuws (het)	новость (ж)	[nóvɔstʲ]
sensatie (de)	сенсация (ж)	[sensátsija]
informatie (de)	сведения (мн)	[svédenja]
conclusie (de)	вывод (м)	[vīvɔd]
stem (de)	голос (ж)	[gólɔs]
compliment (het)	комплимент (м)	[kɔmplimént]
vriendelijk (bn)	любезный	[lʲubéznij]

woord (het)	слово (с)	[slóvɔ]
zin (de), zinsdeel (het)	фраза (ж)	[fráza]
antwoord (het)	ответ (м)	[ɔtvét]

| waarheid (de) | правда (ж) | [právda] |
| leugen (de) | ложь (ж) | [lóʃ] |

| gedachte (de) | мысль (ж) | [mīslʲ] |
| fantasie (de) | фантазия (ж) | [fantázija] |

63. Discussie, conversatie. Deel 2

gerespecteerd (bn)	уважаемый	[uvaʒáemij]
respecteren (ww)	уважать (нсв, пх)	[uvaʒátʲ]
respect (het)	уважение (с)	[uvaʒǽnie]
Geachte ... (brief)	Уважаемый ...	[uvaʒáemij ...]
voorstellen (Mag ik jullie ~)	познакомить (св, пх)	[poznakómitʲ]
kennismaken (met ...)	познакомиться (св, возв)	[poznakómitsa]

intentie (de)	намерение (c)	[namérenie]
intentie hebben (ww)	намереваться (нсв, возв)	[namerevátsa]
wens (de)	пожелание (c)	[poʒelánie]
wensen (ww)	пожелать (св, пх)	[poʒelátʲ]
verbazing (de)	удивление (c)	[udivlénie]
verbazen (verwonderen)	удивлять (нсв, пх)	[udivlʲátʲ]
verbaasd zijn (ww)	удивляться (нсв, возв)	[udivlʲátsa]
geven (ww)	дать (св, пх)	[dátʲ]
nemen (ww)	взять (св, пк)	[vzʲátʲ]
teruggeven (ww)	вернуть (св, пх)	[vernútʲ]
retourneren (ww)	отдать (св, пх)	[ɔtdátʲ]
zich verontschuldigen	извиняться (нсв, возв)	[izvinʲátsa]
verontschuldiging (de)	извинение (c)	[izvinénie]
vergeven (ww)	прощать (нсв, пх)	[proʃátʲ]
spreken (ww)	разговаривать (нсв, нпх)	[razgovárivatʲ]
luisteren (ww)	слушать (нсв, пх)	[slúʃatʲ]
aanhoren (ww)	выслушать (св, пх)	[vīsluʃatʲ]
begrijpen (ww)	понять (св, пх)	[ponʲátʲ]
tonen (ww)	показать (св, пх)	[pokazátʲ]
kijken naar ...	глядеть на ... (нсв)	[glʲadétʲ na ...]
roepen (vragen te komen)	позвать (св, пх)	[pozvátʲ]
afleiden (storen)	беспокоить (нсв, пх)	[bespokóitʲ]
storen (lastigvallen)	мешать (нсв, пх)	[meʃátʲ]
doorgeven (ww)	передать (св, пх)	[peredátʲ]
verzoek (het)	просьба (ж)	[prósʲba]
verzoeken (ww)	просить (нсв, пх)	[prositʲ]
eis (de)	требование (c)	[trébɔvanie]
eisen (met klem vragen)	требовать (нсв, пх)	[trébɔvatʲ]
beledigen	дразнить (нсв, пх)	[draznítʲ]
(beledigende namen geven)		
uitlachen (ww)	насмехаться (нсв, возв)	[nasmehátsa]
spot (de)	насмешка (ж)	[nasméʃka]
bijnaam (de)	прозвище (c)	[prózviʃe]
zinspeling (de)	намёк (м)	[namǿk]
zinspelen (ww)	намекать (нсв, н/пх)	[namekátʲ]
impliceren (duiden op)	подразумевать (нсв, пх)	[pɔdrazumevátʲ]
beschrijving (de)	описание (c)	[ɔpisánie]
beschrijven (ww)	описать (нсв, пх)	[ɔpisátʲ]
lof (de)	похвала (ж)	[pɔhvalá]
loven (ww)	похвалить (св, пх)	[pɔhvalítʲ]
teleurstelling (de)	разочарование (c)	[razɔtʃarɔvánie]
teleurstellen (ww)	разочаровать (св, пх)	[razɔtʃarɔvátʲ]
teleurgesteld zijn (ww)	разочароваться (св, возв)	[razɔtʃarɔvátsa]
veronderstelling (de)	предположение (c)	[pretpɔlɔʒǽnie]
veronderstellen (ww)	предполагать (нсв, пх)	[pretpɔlagátʲ]

| waarschuwing (de) | предостережение (c) | [predɔstereʒǽnie] |
| waarschuwen (ww) | предостеречь (св, пх) | [predɔsterétʃ] |

64. Discussie, conversatie. Deel 3

| aanpraten (ww) | уговорить (св, пх) | [ugɔvɔrítʲ] |
| kalmeren (kalm maken) | успокаивать (нсв, пх) | [uspɔkáivatʲ] |

stilte (de)	молчание (c)	[mɔlʧánie]
zwijgen (ww)	молчать (нсв, нпх)	[mɔlʧátʲ]
fluisteren (ww)	шепнуть (св, пх)	[ʃɛpnútʲ]
gefluister (het)	шёпот (м)	[ʃópɔt]

| open, eerlijk (bw) | откровенно | [ɔtkrɔvénnɔ] |
| volgens mij ... | по моему мнению ... | [pɔ mɔemú mnéniju ...] |

detail (het)	подробность (ж)	[pɔdróbnɔstʲ]
gedetailleerd (bn)	подробный	[pɔdróbnɨj]
gedetailleerd (bw)	подробно	[pɔdróbnɔ]

| hint (de) | подсказка (ж) | [pɔtskáska] |
| een hint geven | подсказать (св, пх) | [pɔtskazátʲ] |

blik (de)	взгляд (м)	[vzglʲád]
een kijkje nemen	взглянуть (св, нпх)	[vzglɪnútʲ]
strak (een ~ke blik)	неподвижный	[nepɔdvíʒnɨj]
knipperen (ww)	моргать (нсв, нпх)	[mɔrgátʲ]
knipogen (ww)	мигнуть (св, нпх)	[mignútʲ]
knikken (ww)	кивнуть (св, н/пх)	[kivnútʲ]

zucht (de)	вздох (м)	[vzdóh]
zuchten (ww)	вздохнуть (св, нпх)	[vzdɔhnútʲ]
huiveren (ww)	вздрагивать (нсв, нпх)	[vzdrágivatʲ]
gebaar (het)	жест (м)	[ʒǽst]
aanraken (ww)	прикоснуться (св, возв)	[prikɔsnútsa]
grijpen (ww)	хватать (нсв, пх)	[hvatátʲ]
een schouderklopje geven	хлопать (нсв, нпх)	[hlópatʲ]

Kijk uit!	Осторожно!	[ɔstɔróʒnɔ]
Echt?	Неужели?	[neuʒǽli?]
Bent je er zeker van?	Ты уверен?	[tɨ uvéren?]
Succes!	Удачи!	[udátʃi]
Juist, ja!	Ясно!	[jásnɔ]
Wat jammer!	Жаль!	[ʒálʲ]

65. Overeenstemming. Weigering

instemming (het)	согласие (c)	[sɔglásie]
instemmen (akkoord gaan)	соглашаться (нсв, возв)	[sɔglaʃátsa]
goedkeuring (de)	одобрение (c)	[ɔdɔbrénie]
goedkeuren (ww)	одобрить (св, пх)	[ɔdóbritʲ]
weigering (de)	отказ (м)	[ɔtkás]

weigeren (ww)	отказываться (нсв, возв)	[ɔtkázivatsa]
Geweldig!	Отлично!	[ɔtlítʃnɔ]
Goed!	Хорошо!	[hɔrɔʃó]
Akkoord!	Ладно!	[ládnɔ]

verboden (bn)	запрещённый	[zapreʃǿnij]
het is verboden	нельзя	[nelʲzʲá]
het is onmogelijk	невозможно	[nevɔzmóʒnɔ]
onjuist (bn)	неправильный	[neprávilʲnij]

afwijzen (ww)	отклонить (св, пх)	[ɔtklɔnítʲ]
steunen	поддержать (св, пх)	[pɔdderʒátʲ]
(een goed doel, enz.)		
aanvaarden (excuses ~)	принять (св, пх)	[prinʲátʲ]

bevestigen (ww)	подтвердить (св, пх)	[pɔttverdítʲ]
bevestiging (de)	подтверждение (с)	[pɔttverʒdénie]
toestemming (de)	разрешение (с)	[razreʃǽnie]
toestaan (ww)	разрешить (св, пх)	[razreʃítʲ]
beslissing (de)	решение (с)	[reʃǽnie]
z'n mond houden (ww)	промолчать (св, нпх)	[prɔmɔltʃátʲ]

voorwaarde (de)	условие (с)	[uslóvie]
smoes (de)	отговорка (ж)	[ɔdgɔvórka]
lof (de)	похвала (ж)	[pɔhvalá]
loven (ww)	похвалить (св, пх)	[pɔhvalítʲ]

66. Succes. Veel geluk. Mislukking

succes (het)	успех (м)	[uspéh]
succesvol (bw)	успешно	[uspéʃnɔ]
succesvol (bn)	успешный	[uspéʃnij]

geluk (het)	удача (ж)	[udátʃa]
Succes!	Удачи!	[udátʃi]
geluks- (bn)	удачный	[udátʃnij]
gelukkig (fortuinlijk)	удачливый	[udátʃlivij]

mislukking (de)	неудача (ж)	[neudátʃa]
tegenslag (de)	неудача (ж)	[neudátʃa]
pech (de)	невезение (с)	[nevezénie]
zonder succes (bn)	неудачный	[neudátʃnij]
catastrofe (de)	катастрофа (ж)	[katastrófa]

fierheid (de)	гордость (ж)	[górdɔstʲ]
fier (bn)	гордый	[górdij]
fier zijn (ww)	гордиться (нсв, возв)	[gɔrdítsa]

winnaar (de)	победитель (м)	[pɔbedítelʲ]
winnen (ww)	победить (св, нпх)	[pɔbedítʲ]
verliezen (ww)	проиграть (св, нпх)	[prɔigrátʲ]
poging (de)	попытка (ж)	[pɔpítka]
pogen, proberen (ww)	пытаться (нсв, возв)	[pitátsa]
kans (de)	шанс (м)	[ʃáns]

67. Ruzies. Negatieve emoties

schreeuw (de)	крик (м)	[krík]
schreeuwen (ww)	кричать (нсв, нпх)	[kritʃátʲ]
beginnen te schreeuwen	закричать (св, нпх)	[zakritʃátʲ]

ruzie (de)	ссора (ж)	[ssóra]
ruzie hebben (ww)	ссориться (нсв, возв)	[ssóritsa]
schandaal (het)	скандал (м)	[skandál]
schandaal maken (ww)	скандалить (нсв, нпх)	[skandálitʲ]
conflict (het)	конфликт (м)	[kɔnflíkt]
misverstand (het)	недоразумение (с)	[nedɔrazuménie]

belediging (de)	оскорбление (с)	[ɔskɔrblénie]
beledigen	оскорблять (нсв, пх)	[ɔskɔrblʲátʲ]
(met scheldwoorden)		
beledigd (bn)	оскорблённый	[ɔskɔrblǿnnij]
krenking (de)	обида (ж)	[ɔbída]
krenken (beledigen)	обидеть (св, пх)	[ɔbídetʲ]
gekwetst worden (ww)	обидеться (св, возв)	[ɔbídetsa]

verontwaardiging (de)	возмущение (с)	[vɔzmuʃénie]
verontwaardigd zijn (ww)	возмущаться (нсв, возв)	[vɔzmuʃátsa]
klacht (de)	жалоба (ж)	[ʒálɔba]
klagen (ww)	жаловаться (нсв, возв)	[ʒálɔvatsa]

verontschuldiging (de)	извинение (с)	[izvinénie]
zich verontschuldigen	извиняться (нсв, возв)	[izvinʲátsa]
excuus vragen	просить прощения	[prɔsítʲ prɔʃénija]

kritiek (de)	критика (ж)	[krítika]
bekritiseren (ww)	критиковать (нсв, пх)	[kritikɔvátʲ]
beschuldiging (de)	обвинение (с)	[ɔbvinénie]
beschuldigen (ww)	обвинять (нсв, пх)	[ɔbvinʲátʲ]

wraak (de)	месть (ж)	[méstʲ]
wreken (ww)	мстить (нсв, пх)	[mstítʲ]
wraak nemen (ww)	отплатить (св, пх)	[ɔtplatítʲ]

minachting (de)	презрение (с)	[prezrénie]
minachten (ww)	презирать (нсв, пх)	[prezirátʲ]
haat (de)	ненависть (ж)	[nénavistʲ]
haten (ww)	ненавидеть (нсв, пх)	[nenavídetʲ]

zenuwachtig (bn)	нервный	[nérvnij]
zenuwachtig zijn (ww)	нервничать (нсв, нпх)	[nérvnitʃatʲ]
boos (bn)	сердитый	[serdítij]
boos maken (ww)	рассердить (св, пх)	[rasserdítʲ]

vernedering (de)	унижение (с)	[uniʒǽnie]
vernederen (ww)	унижать (нсв, пх)	[uniʒátʲ]
zich vernederen (ww)	унижаться (нсв, возв)	[uniʒátsa]

schok (de)	шок (м)	[ʃók]
schokken (ww)	шокировать (н/св, пх)	[ʃɔkírɔvatʲ]

| onaangenaamheid (de) | неприятность (ж) | [neprijátnɔstʲ] |
| onaangenaam (bn) | неприятный | [neprijátnij] |

vrees (de)	страх (м)	[stráh]
vreselijk (bijv. ~ onweer)	страшный	[stráʃnij]
eng (bn)	страшный	[stráʃnij]
gruwel (de)	ужас (м)	[úʒas]
vreselijk (~ nieuws)	ужасный	[uʒásnij]

beginnen te beven	задрожать (нсв, нпх)	[zadrɔʒátʲ]
huilen (wenen)	плакать (нсв, нпх)	[plákatʲ]
beginnen te huilen (wenen)	заплакать (св, нпх)	[zaplákatʲ]
traan (de)	слеза (мн)	[slezá]

schuld (~ geven aan)	вина (ж)	[viná]
schuldgevoel (het)	вина (ж)	[viná]
schande (de)	позор (м)	[pɔzór]
protest (het)	протест (м)	[prɔtést]
stress (de)	стресс (м)	[strés]

storen (lastigvallen)	беспокоить (нсв, пх)	[bespɔkóitʲ]
kwaad zijn (ww)	злиться (нсв, возв)	[zlítsa]
kwaad (bn)	злой	[zlój]
beëindigen (een relatie ~)	прекращать (нсв, пх)	[prekraʃátʲ]
vloeken (ww)	ругаться (нсв, возв)	[rugátsa]

schrikken (schrik krijgen)	пугаться (нсв, возв)	[pugátsa]
slaan (iemand ~)	ударить (св, пх)	[udáritʲ]
vechten (ww)	драться (нсв, возв)	[drátsa]

regelen (conflict)	урегулировать (св, пх)	[uregulírɔvatʲ]
ontevreden (bn)	недовольный	[nedɔvólʲnij]
woedend (bn)	яростный	[járɔsnij]

| Dat is niet goed! | Это нехорошо! | [ǽtɔ nehɔrɔʃó] |
| Dat is slecht! | Это плохо! | [ǽtɔ plóhɔ] |

Geneeskunde

ziekte (de)	болезнь (ж)	[bɔléznʲ]
ziek zijn (ww)	болеть (нсв, нпх)	[bɔlétʲ]
gezondheid (de)	здоровье (с)	[zdɔróvje]
snotneus (de)	насморк (м)	[násmɔrk]
angina (de)	ангина (ж)	[angína]
verkoudheid (de)	простуда (ж)	[prɔstúda]
verkouden raken (ww)	простудиться (св, возв)	[prɔstudítsa]
bronchitis (de)	бронхит (м)	[brɔnhít]
longontsteking (de)	воспаление (с) лёгких	[vɔspalénie lǿhkih]
griep (de)	грипп (м)	[gríp]
bijziend (bn)	близорукий	[blizɔrúkij]
verziend (bn)	дальнозоркий	[dalʲnɔzórkij]
scheelheid (de)	косоглазие (с)	[kɔsɔglázie]
scheel (bn)	косоглазый	[kɔsɔglázij]
grauwe staar (de)	катаракта (ж)	[katarákta]
glaucoom (het)	глаукома (ж)	[glaukóma]
beroerte (de)	инсульт (м)	[insúlʲt]
hartinfarct (het)	инфаркт (м)	[infárkt]
myocardiaal infarct (het)	инфаркт (м) миокарда	[infárkt miɔkárda]
verlamming (de)	паралич (м)	[paralítʃ]
verlammen (ww)	парализовать (нсв, пх)	[paralizɔvátʲ]
allergie (de)	аллергия (ж)	[alergíja]
astma (de/het)	астма (ж)	[ástma]
diabetes (de)	диабет (м)	[diabét]
tandpijn (de)	зубная боль (ж)	[zubnája bólʲ]
tandbederf (het)	кариес (м)	[káries]
diarree (de)	диарея (ж)	[diaréja]
constipatie (de)	запор (м)	[zapór]
maagstoornis (de)	расстройство (с) желудка	[rastrójstvɔ ʒelútka]
voedselvergiftiging (de)	отравление (с)	[ɔtravlénie]
voedselvergiftiging oplopen	отравиться (св, возв)	[ɔtravítsa]
artritis (de)	артрит (м)	[artrít]
rachitis (de)	рахит (м)	[rahít]
reuma (het)	ревматизм (м)	[revmatízm]
arteriosclerose (de)	атеросклероз (м)	[atɛrɔsklerós]
gastritis (de)	гастрит (м)	[gastrít]
blindedarmontsteking (de)	аппендицит (м)	[apenditsít]

galblaasontsteking (de)	холецистит (м)	[hɔletsistít]
zweer (de)	язва (ж)	[jázva]

mazelen (mv.)	корь (ж)	[kórʲ]
rodehond (de)	краснуха (ж)	[krasnúha]
geelzucht (de)	желтуха (ж)	[ʒeltúha]
leverontsteking (de)	гепатит (м)	[gepatít]

schizofrenie (de)	шизофрения (ж)	[ʃizɔfrenίja]
dolheid (de)	бешенство (с)	[béʃɛnstvɔ]
neurose (de)	невроз (м)	[nevrós]
hersenschudding (de)	сотрясение (с) мозга	[sɔtrısénie mózga]

kanker (de)	рак (м)	[rák]
sclerose (de)	склероз (м)	[sklerós]
multiple sclerose (de)	рассеянный склероз (м)	[rasséınnıj sklerós]

alcoholisme (het)	алкоголизм (м)	[alkɔgɔlízm]
alcoholicus (de)	алкоголик (м)	[alkɔgólik]
syfilis (de)	сифилис (м)	[sífilis]
AIDS (de)	СПИД (м)	[spíd]

tumor (de)	опухоль (ж)	[ópuhɔlʲ]
kwaadaardig (bn)	злокачественная	[zlɔkátʃestvenaja]
goedaardig (bn)	доброкачественная	[dɔbrɔkátʃestvenaja]

koorts (de)	лихорадка (ж)	[lihɔrátka]
malaria (de)	малярия (ж)	[malîríja]
gangreen (het)	гангрена (ж)	[gangréna]
zeeziekte (de)	морская болезнь (ж)	[mɔrskája bɔléznʲ]
epilepsie (de)	эпилепсия (ж)	[ɛpilépsija]

epidemie (de)	эпидемия (ж)	[ɛpidémija]
tyfus (de)	тиф (м)	[tíf]
tuberculose (de)	туберкулёз (м)	[tuberkulǿs]
cholera (de)	холера (ж)	[hɔléra]
pest (de)	чума (ж)	[ʧʲumá]

69. Symptomen. Behandelingen. Deel 1

symptoom (het)	симптом (м)	[simptóm]
temperatuur (de)	температура (ж)	[temperatúra]
verhoogde temperatuur (de)	высокая температура (ж)	[visókaja temperatúra]
polsslag (de)	пульс (м)	[púlʲs]

duizeling (de)	головокружение (с)	[gólɔvɔ·kruʒǽnie]
heet (erg warm)	горячий	[gɔrʲátʃij]
koude rillingen (mv.)	озноб (м)	[ɔznób]
bleek (bn)	бледный	[blédnıj]

hoest (de)	кашель (м)	[káʃɛlʲ]
hoesten (ww)	кашлять (нсв, нпх)	[káʃlıtʲ]
niezen (ww)	чихать (нсв, нпх)	[ʧʲihátʲ]
flauwte (de)	обморок (м)	[óbmɔrɔk]

flauwvallen (ww)	упасть в обморок	[upást v óbmɔrɔk]
blauwe plek (de)	синяк (м)	[sinʲák]
buil (de)	шишка (ж)	[ʃʃka]
zich stoten (ww)	удариться (св, возв)	[udáritsa]
kneuzing (de)	ушиб (м)	[uʃb]
kneuzen (gekneusd zijn)	ударить … (св, пх)	[udáritʲ …]

hinken (ww)	хромать (нсв, нпх)	[hrɔmátʲ]
verstuiking (de)	вывих (м)	[vʲvih]
verstuiken (enkel, enz.)	вывихнуть (св, пх)	[vʲvihnutʲ]
breuk (de)	перелом (м)	[perelóm]
een breuk oplopen	получить перелом	[pɔluʧítʲ perelóm]

snijwond (de)	порез (м)	[pɔrés]
zich snijden (ww)	порезаться (св, возв)	[pɔrézatsa]
bloeding (de)	кровотечение (c)	[krɔvɔ·teʧénie]

brandwond (de)	ожог (м)	[ɔʒóg]
zich branden (ww)	обжечься (св, возв)	[ɔbʒǽʧsʲa]

prikken (ww)	уколоть (св, пх)	[ukɔlótʲ]
zich prikken (ww)	уколоться (св, возв)	[ukɔlótsa]
blesseren (ww)	повредить (св, пх)	[pɔvredítʲ]
blessure (letsel)	повреждение (c)	[pɔvreʒdénie]
wond (de)	рана (ж)	[rána]
trauma (het)	травма (ж)	[trávma]

ijlen (ww)	бредить (нсв, нпх)	[brédítʲ]
stotteren (ww)	заикаться (нсв, возв)	[zaikátsa]
zonnesteek (de)	солнечный удар (м)	[sólneʧnij udár]

70. Symptomen. Behandelingen. Deel 2

pijn (de)	боль (ж)	[bólʲ]
splinter (de)	заноза (ж)	[zanóza]

zweet (het)	пот (м)	[pót]
zweten (ww)	потеть (нсв, нпх)	[pɔtétʲ]
braking (de)	рвота (ж)	[rvóta]
stuiptrekkingen (mv.)	судороги (ж мн)	[súdɔrɔgi]

zwanger (bn)	беременная	[berémennaja]
geboren worden (ww)	родиться (св, возв)	[rɔdítsa]
geboorte (de)	роды (мн)	[ródi]
baren (ww)	рожать (нсв, пх)	[rɔʒátʲ]
abortus (de)	аборт (м)	[abórt]

ademhaling (de)	дыхание (c)	[dihánie]
inademing (de)	вдох (м)	[vdóh]
uitademing (de)	выдох (м)	[vʲdoh]
uitademen (ww)	выдохнуть (св, пх)	[vʲdohnutʲ]
inademen (ww)	вдыхать (нсв, нпх)	[vdihátʲ]
invalide (de)	инвалид (м)	[invalíd]
gehandicapte (de)	калека (c)	[kaléka]

drugsverslaafde (de)	наркоман (м)	[narkomán]
doof (bn)	глухой	[gluhój]
stom (bn)	немой	[nemój]
doofstom (bn)	глухонемой	[gluho·nemój]

krankzinnig (bn)	сумасшедший	[sumaʃǽdʃɛj]
krankzinnige (man)	сумасшедший (м)	[sumaʃǽdʃɛj]
krankzinnige (vrouw)	сумасшедшая (ж)	[sumaʃǽdʃaja]
krankzinnig worden	сойти с ума	[sojtí s umá]

gen (het)	ген (м)	[gén]
immuniteit (de)	иммунитет (м)	[imunitét]
erfelijk (bn)	наследственный	[naslétstvenij]
aangeboren (bn)	врождённый	[vroʒdǿnij]

virus (het)	вирус (м)	[vírus]
microbe (de)	микроб (м)	[mikrób]
bacterie (de)	бактерия (ж)	[baktǽrija]
infectie (de)	инфекция (ж)	[inféktsija]

71. Symptomen. Behandelingen. Deel 3

| ziekenhuis (het) | больница (ж) | [bolʲnítsa] |
| patiënt (de) | пациент (м) | [patsiǽnt] |

diagnose (de)	диагноз (м)	[diágnos]
genezing (de)	лечение (с)	[letʃénie]
medische behandeling (de)	лечение (с)	[letʃénie]
onder behandeling zijn	лечиться (нсв, возв)	[letʃítsa]
behandelen (ww)	лечить (нсв, пх)	[letʃítʲ]
zorgen (zieken ~)	ухаживать (нсв, нпх)	[uháʒivatʲ]
ziekenzorg (de)	уход (м)	[uhód]

operatie (de)	операция (ж)	[operátsija]
verbinden (een arm ~)	перевязать (св, пх)	[perevizátʲ]
verband (het)	перевязка (ж)	[perevʲázka]

vaccin (het)	прививка (ж)	[privífka]
inenten (vaccineren)	делать прививку	[délatʲ privífku]
injectie (de)	укол (м)	[ukól]
een injectie geven	делать укол	[délatʲ ukól]

amputatie (de)	ампутация (ж)	[amputátsija]
amputeren (ww)	ампутировать (н/св, пх)	[amputírovatʲ]
coma (het)	кома (ж)	[kóma]
in coma liggen	быть в коме	[bĩtʲ f kóme]
intensieve zorg, ICU (de)	реанимация (ж)	[reanimátsija]

zich herstellen (ww)	выздоравливать (нсв, нпх)	[vizdorávlivatʲ]
toestand (de)	состояние (с)	[sostojánie]
bewustzijn (het)	сознание (с)	[soznánie]
geheugen (het)	память (ж)	[pámitʲ]
trekken (een kies ~)	удалять (нсв, пх)	[udalʲátʲ]
vulling (de)	пломба (ж)	[plómba]

vullen (ww)	пломбировать (нсв, пх)	[plɔmbirɔvátʲ]
hypnose (de)	гипноз (м)	[gipnós]
hypnotiseren (ww)	гипнотизировать (нсв, пх)	[gipnɔtizírɔvatʲ]

72. Artsen

dokter, arts (de)	врач (м)	[vrátʃ]
ziekenzuster (de)	медсестра (ж)	[metsestrá]
lijfarts (de)	личный врач (м)	[lítʃnij vrátʃ]

tandarts (de)	стоматолог (м)	[stɔmatólɔg]
oogarts (de)	окулист (м)	[ɔkulíst]
therapeut (de)	терапевт (м)	[terapévt]
chirurg (de)	хирург (м)	[hirúrg]

psychiater (de)	психиатр (м)	[psihiátr]
pediater (de)	педиатр (м)	[pediátr]
psycholoog (de)	психолог (м)	[psihólɔg]
gynaecoloog (de)	гинеколог (м)	[ginekólɔg]
cardioloog (de)	кардиолог (м)	[kardiólɔg]

73. Geneeskunde. Medicijnen. Accessoires

geneesmiddel (het)	лекарство (с)	[lekárstvɔ]
middel (het)	средство (с)	[srétstvɔ]
voorschrijven (ww)	прописать (нсв, пх)	[prɔpisátʲ]
recept (het)	рецепт (м)	[retsǽpt]

tablet (de/het)	таблетка (ж)	[tablétka]
zalf (de)	мазь (ж)	[másʲ]
ampul (de)	ампула (ж)	[ámpula]
drank (de)	микстура (ж)	[mikstúra]
siroop (de)	сироп (м)	[siróp]
pil (de)	пилюля (ж)	[pilʲúlʲa]
poeder (de/het)	порошок (м)	[pɔrɔʃók]

verband (het)	бинт (м)	[bínt]
watten (mv.)	вата (ж)	[váta]
jodium (het)	йод (м)	[jód]
pleister (de)	лейкопластырь (м)	[lejkɔplástirʲ]
pipet (de)	пипетка (ж)	[pipétka]
thermometer (de)	градусник (м)	[grádusnik]
spuit (de)	шприц (м)	[ʃpríts]

| rolstoel (de) | коляска (ж) | [kɔlʲáska] |
| krukken (mv.) | костыли (м мн) | [kɔstilí] |

pijnstiller (de)	обезболивающее (с)	[ɔbezbólivajuʃʲee]
laxeermiddel (het)	слабительное (с)	[slabítelʲnɔe]
spiritus (de)	спирт (м)	[spírt]
medicinale kruiden (mv.)	трава (ж)	[travá]
kruiden- (abn)	травяной	[travɪnój]

74. Roken. Tabaksproducten

tabak (de)	табак (м)	[tabák]
sigaret (de)	сигарета (ж)	[sigaréta]
sigaar (de)	сигара (ж)	[sigára]
pijp (de)	трубка (ж)	[trúpka]
pakje (~ sigaretten)	пачка (ж)	[pátʃka]
lucifers (mv.)	спички (ж мн)	[spítʃki]
luciferdoosje (het)	спичечный коробок (м)	[spítʃetʃnij korobók]
aansteker (de)	зажигалка (ж)	[zaʒigálka]
asbak (de)	пепельница (ж)	[pépelʲnitsa]
sigarettendoosje (het)	портсигар (м)	[portsigár]
sigarettenpijpje (het)	мундштук (м)	[munʃtúk]
filter (de/het)	фильтр (м)	[fílʲtr]
roken (ww)	курить (нсв, н/пх)	[kurítʲ]
een sigaret opsteken	прикурить (св, н/пх)	[prikurítʲ]
roken (het)	курение (с)	[kurénie]
roker (de)	курильщик (м)	[kurílʲʃik]
peuk (de)	окурок (м)	[okúrok]
rook (de)	дым (м)	[dɨm]
as (de)	пепел (м)	[pépel]

HET MENSELIJKE LEEFGEBIED

Stad

75. Stad. Het leven in de stad

stad (de)	город (м)	[górɔd]
hoofdstad (de)	столица (ж)	[stɔlítsa]
dorp (het)	деревня (ж)	[derévnʲa]
plattegrond (de)	план (м) города	[plán górɔda]
centrum (ov. een stad)	центр (м) города	[tsǽntr górɔda]
voorstad (de)	пригород (м)	[prígɔrɔd]
voorstads- (abn)	пригородный	[prígɔrɔdnij]
randgemeente (de)	окраина (ж)	[ɔkráina]
omgeving (de)	окрестности (ж мн)	[ɔkrésnɔsti]
blok (huizenblok)	квартал (м)	[kvartál]
woonwijk (de)	жилой квартал (м)	[ʒiɫój kvartál]
verkeer (het)	движение (с)	[dviʒǽnie]
verkeerslicht (het)	светофор (м)	[svetɔfór]
openbaar vervoer (het)	городской транспорт (м)	[gɔrɔtskój tránspɔrt]
kruispunt (het)	перекрёсток (м)	[perekrǿstɔk]
zebrapad (oversteekplaats)	переход (м)	[perehód]
onderdoorgang (de)	подземный переход (м)	[pɔdzémnij perehód]
oversteken (de straat ~)	переходить (нсв, н/пх)	[perehɔdítʲ]
voetganger (de)	пешеход (м)	[peʃɛhód]
trottoir (het)	тротуар (м)	[trɔtuár]
brug (de)	мост (м)	[móst]
dijk (de)	набережная (ж)	[nábereʒnaja]
fontein (de)	фонтан (м)	[fɔntán]
allee (de)	аллея (ж)	[aléja]
park (het)	парк (м)	[párk]
boulevard (de)	бульвар (м)	[bulʲvár]
plein (het)	площадь (ж)	[plóʃatʲ]
laan (de)	проспект (м)	[prɔspékt]
straat (de)	улица (ж)	[úlitsa]
zijstraat (de)	переулок (м)	[pereúlɔk]
doodlopende straat (de)	тупик (м)	[tupík]
huis (het)	дом (м)	[dóm]
gebouw (het)	здание (с)	[zdánie]
wolkenkrabber (de)	небоскрёб (м)	[nebɔskrǿb]
gevel (de)	фасад (м)	[fasád]
dak (het)	крыша (ж)	[krýʃa]

venster (het)	окно (c)	[ɔknó]
boog (de)	арка (ж)	[árka]
pilaar (de)	колонна (ж)	[kɔlóna]
hoek (ov. een gebouw)	угол (м)	[úgɔl]

vitrine (de)	витрина (ж)	[vitrína]
gevelreclame (de)	вывеска (ж)	[vĩveska]
affiche (de/het)	афиша (ж)	[afíʃa]
reclameposter (de)	рекламный плакат (м)	[reklámnij plakát]
aanplakbord (het)	рекламный щит (м)	[reklámnij ʃít]

vuilnis (de/het)	мусор (м)	[músɔr]
vuilnisbak (de)	урна (ж)	[úrna]
afval weggooien (ww)	сорить (нсв, нпх)	[sɔrítʲ]
stortplaats (de)	свалка (ж)	[sválka]

telefooncel (de)	телефонная будка (ж)	[telefónnaja bútka]
straatlicht (het)	фонарный столб (м)	[fɔnárnij stólb]
bank (de)	скамейка (ж)	[skaméjka]

politieagent (de)	полицейский (м)	[pɔliʦǽjskij]
politie (de)	полиция (ж)	[pɔlíʦija]
zwerver (de)	нищий (м)	[níʃij]
dakloze (de)	бездомный (м)	[bezdómnij]

76. Stedelijke instellingen

winkel (de)	магазин (м)	[magazín]
apotheek (de)	аптека (ж)	[aptéka]
optiek (de)	оптика (ж)	[óptika]
winkelcentrum (het)	торговый центр (м)	[tɔrgóvij ʦǽntr]
supermarkt (de)	супермаркет (м)	[supermárket]

bakkerij (de)	булочная (ж)	[búlɔʧnaja]
bakker (de)	пекарь (м)	[pékarʲ]
banketbakkerij (de)	кондитерская (ж)	[kɔndíterskaja]
kruidenier (de)	продуктовый магазин (м)	[prɔduktóvij magazín]
slagerij (de)	мясная лавка (ж)	[mɪsnája láfka]

| groentewinkel (de) | овощная лавка (ж) | [ɔvɔʃnája láfka] |
| markt (de) | рынок (м) | [rĩnɔk] |

koffiehuis (het)	кафе (c)	[kafǽ]
restaurant (het)	ресторан (м)	[restɔrán]
bar (de)	пивная (ж)	[pivnája]
pizzeria (de)	пиццерия (ж)	[piʦǽrija], [piʦɛríja]

kapperssalon (de/het)	парикмахерская (ж)	[parihmáherskaja]
postkantoor (het)	почта (ж)	[póʧta]
stomerij (de)	химчистка (ж)	[himʧístka]
fotostudio (de)	фотоателье (c)	[fotɔ·atɛljé]

| schoenwinkel (de) | обувной магазин (м) | [ɔbuvnój magazín] |
| boekhandel (de) | книжный магазин (м) | [kníʒnij magazín] |

sportwinkel (de)	спортивный магазин (м)	[sportívnij magazín]
kledingreparatie (de)	ремонт (м) одежды	[remónt odéჳdi]
kledingverhuur (de)	прокат (м) одежды	[prokát odéჳdi]
videotheek (de)	прокат (м) фильмов	[prokát fílʲmof]

circus (de/het)	цирк (м)	[tsïrk]
dierentuin (de)	зоопарк (м)	[zoopárk]
bioscoop (de)	кинотеатр (м)	[kinoteátr]
museum (het)	музей (м)	[muzéj]
bibliotheek (de)	библиотека (ж)	[bibliotéka]

theater (het)	театр (м)	[teátr]
opera (de)	опера (ж)	[ópera]
nachtclub (de)	ночной клуб (м)	[notʃnój klúb]
casino (het)	казино (с)	[kazinó]

moskee (de)	мечеть (ж)	[metʃétʲ]
synagoge (de)	синагога (ж)	[sinagóga]
kathedraal (de)	собор (м)	[sobór]
tempel (de)	храм (м)	[hrám]
kerk (de)	церковь (ж)	[tsǽrkofʲ]

instituut (het)	институт (м)	[institút]
universiteit (de)	университет (м)	[universitét]
school (de)	школа (ж)	[ʃkóla]

gemeentehuis (het)	префектура (ж)	[prefektúra]
stadhuis (het)	мэрия (ж)	[mǽrija]
hotel (het)	гостиница (ж)	[gostínitsa]
bank (de)	банк (м)	[bánk]

ambassade (de)	посольство (с)	[posólʲstvo]
reisbureau (het)	турагентство (с)	[tur·agénstvo]
informatieloket (het)	справочное бюро (с)	[správotʃnoe bʲuró]
wisselkantoor (het)	обменный пункт (м)	[obménnij púnkt]

metro (de)	метро (с)	[metró]
ziekenhuis (het)	больница (ж)	[bolʲnítsa]

benzinestation (het)	автозаправка (ж)	[afto·zapráfka]
parking (de)	стоянка (ж)	[stojánka]

77. Stedelijk vervoer

bus, autobus (de)	автобус (м)	[aftóbus]
tram (de)	трамвай (м)	[tramváj]
trolleybus (de)	троллейбус (м)	[troléjbus]
route (de)	маршрут (м)	[marʃrút]
nummer (busnummer, enz.)	номер (м)	[nómer]

rijden met ...	ехать на ... (нсв)	[éhatʲ na ...]
stappen (in de bus ~)	сесть на ... (св)	[séstʲ na ...]
afstappen (ww)	сойти с ... (св)	[sojtí s ...]
halte (de)	остановка (ж)	[ostanófka]

volgende halte (de)	следующая остановка (ж)	[sléduʃaja ɔstanófka]
eindpunt (het)	конечная остановка (ж)	[kɔnétʃnaja ɔstanófka]
dienstregeling (de)	расписание (с)	[raspisánie]
wachten (ww)	ждать (нсв, пх)	[ʒdátʲ]

| kaartje (het) | билет (м) | [bilét] |
| reiskosten (de) | стоимость (ж) билета | [stóimɔstʲ biléta] |

kassier (de)	кассир (м)	[kassír]
kaartcontrole (de)	контроль (м)	[kɔntrólʲ]
controleur (de)	контролёр (м)	[kɔntrɔlǿr]

te laat zijn (ww)	опаздывать на ... (нсв, нпх)	[ɔpázdivatʲ na ...]
missen (de bus ~)	опоздать на ... (св, нпх)	[ɔpɔzdátʲ na ...]
zich haasten (ww)	спешить (нсв, нпх)	[speʃítʲ]

taxi (de)	такси (с)	[taksí]
taxichauffeur (de)	таксист (м)	[taksíst]
met de taxi (bw)	на такси	[na taksí]
taxistandplaats (de)	стоянка (ж) такси	[stɔjánka taksí]
een taxi bestellen	вызвать такси	[vɨzvatʲ taksí]
een taxi nemen	взять такси	[vzʲátʲ taksí]

verkeer (het)	уличное движение (с)	[úliʧnɔe dviʒǽnie]
file (de)	пробка (ж)	[própka]
spitsuur (het)	часы пик (м)	[ʧasɨ́ pík]
parkeren (on.ww.)	парковаться (нсв, возв)	[parkɔvátsa]
parkeren (ov.ww.)	парковать (нсв, пх)	[parkɔvátʲ]
parking (de)	стоянка (ж)	[stɔjánka]

metro (de)	метро (с)	[metró]
halte (bijv. kleine treinhalte)	станция (ж)	[stántsija]
de metro nemen	ехать на метро	[éhatʲ na metró]
trein (de)	поезд (м)	[póezd]
station (treinstation)	вокзал (м)	[vɔkzál]

78. Bezienswaardigheden

monument (het)	памятник (м)	[pámɪtnik]
vesting (de)	крепость (ж)	[krépɔstʲ]
paleis (het)	дворец (м)	[dvɔréts]
kasteel (het)	замок (м)	[zámɔk]
toren (de)	башня (ж)	[báʃnʲa]
mausoleum (het)	мавзолей (м)	[mavzɔléj]

architectuur (de)	архитектура (ж)	[arhitektúra]
middeleeuws (bn)	средневековый	[srednevekóvij]
oud (bn)	старинный	[starínnij]
nationaal (bn)	национальный	[natsionálʲnij]
bekend (bn)	известный	[izvésnij]

toerist (de)	турист (м)	[turíst]
gids (de)	гид (м)	[gíd]
rondleiding (de)	экскурсия (ж)	[ɛkskúrsija]

| tonen (ww) | показывать (нсв, пх) | [pokázivat'] |
| vertellen (ww) | рассказывать (нсв, пх) | [raskázivat'] |

vinden (ww)	найти (св, пх)	[najtí]
verdwalen (de weg kwijt zijn)	потеряться (св, возв)	[poter'átsa]
plattegrond (~ van de metro)	схема (ж)	[sxéma]
plattegrond (~ van de stad)	план (м)	[plán]

souvenir (het)	сувенир (м)	[suvenír]
souvenirwinkel (de)	магазин (м) сувениров	[magazín suvenírof]
foto's maken	фотографировать (нсв, пх)	[fotografírovat']
zich laten fotograferen	фотографироваться (нсв, возв)	[fotografírovatsa]

79. Winkelen

kopen (ww)	покупать (нсв, пх)	[pokupát']
aankoop (de)	покупка (ж)	[pokúpka]
winkelen (ww)	делать покупки	[délat' pokúpki]
winkelen (het)	шоппинг (м)	[ʃóping]

| open zijn (ov. een winkel, enz.) | работать (нсв, нпх) | [rabótat'] |
| gesloten zijn (ww) | закрыться (св, возв) | [zakrítsa] |

schoeisel (het)	обувь (ж)	[óbuf']
kleren (mv.)	одежда (ж)	[odéʒda]
cosmetica (mv.)	косметика (ж)	[kosmétika]
voedingswaren (mv.)	продукты (мн)	[prodúkti]
geschenk (het)	подарок (м)	[podárok]

| verkoper (de) | продавец (м) | [prodavéts] |
| verkoopster (de) | продавщица (ж) | [prodafʃítsa] |

kassa (de)	касса (ж)	[kássa]
spiegel (de)	зеркало (с)	[zérkalo]
toonbank (de)	прилавок (м)	[prilávok]
paskamer (de)	примерочная (ж)	[primérotʃnaja]

aanpassen (ww)	примерить (св, пх)	[primérit']
passen (ov. kleren)	подходить (нсв, нпх)	[potxodít']
bevallen (prettig vinden)	нравиться (нсв, возв)	[nrávitsa]

prijs (de)	цена (ж)	[tsɛná]
prijskaartje (het)	ценник (м)	[tsǽnnik]
kosten (ww)	стоить (нсв, пх)	[stóit']
Hoeveel?	Сколько?	[skól'ko?]
korting (de)	скидка (ж)	[skítka]

niet duur (bn)	недорогой	[nedorogój]
goedkoop (bn)	дешёвый	[deʃóvij]
duur (bn)	дорогой	[dorogój]
Dat is duur.	Это дорого.	[ǽto dórogo]
verhuur (de)	прокат (м)	[prokát]

huren (smoking, enz.)	взя'ъ напрокат	[vzʲátʲ naprɔkát]
krediet (het)	кредит (м)	[kredít]
op krediet (bw)	в кредит	[f kredít]

80. Geld

geld (het)	деньги (мн)	[dénʲgi]
ruil (de)	обмен (м)	[ɔbmén]
koers (de)	курс (м)	[kúrs]
geldautomaat (de)	банкомат (м)	[bankɔmát]
muntstuk (de)	монета (ж)	[mɔnéta]

| dollar (de) | доллар (м) | [dólar] |
| euro (de) | евро (с) | [évrɔ] |

lire (de)	лира (ж)	[líra]
Duitse mark (de)	марка (ж)	[márka]
frank (de)	франк (м)	[fránk]
pond sterling (het)	фунт стерлингов (м)	[fúnt stérlingɔf]
yen (de)	йена (ж)	[jéna]

schuld (geldbedrag)	долг (м)	[dólg]
schuldenaar (de)	должник (м)	[dɔlʒník]
uitlenen (ww)	дать в долг	[dátʲ v dólg]
lenen (geld ~)	взять в долг	[vzʲátʲ v dólg]

bank (de)	банк (м)	[bánk]
bankrekening (de)	счёт (м)	[ʃʲót]
storten (ww)	положить (св, пх)	[pɔlɔʒítʲ]
op rekening storten	положить на счёт	[pɔlɔʒítʲ na ʃʲót]
opnemen (ww)	снять со счёта	[snʲátʲ sɔ ʃʲóta]

kredietkaart (de)	кредитная карта (ж)	[kredítnaja kárta]
baar geld (het)	наличные деньги (мн)	[nalítʃnie dénʲgi]
cheque (de)	чек (м)	[tʃék]
een cheque uitschrijven	выписать чек	[vīpisatʲ tʃék]
chequeboekje (het)	чековая книжка (ж)	[tʃékɔvaja kníʃka]

portefeuille (de)	бумажник (м)	[bumáʒnik]
geldbeugel (de)	кошелёк (м)	[kɔʃɛlǿk]
safe (de)	сейф (м)	[séjf]

erfgenaam (de)	наследник (м)	[naslédnik]
erfenis (de)	наследство (с)	[naslétstvɔ]
fortuin (het)	состояние (с)	[sɔstɔjánie]

huur (de)	аренда (ж)	[arénda]
huurprijs (de)	квартирная плата (ж)	[kvartírnaja pláta]
huren (huis, kamer)	снимать (нсв, пх)	[snimátʲ]

prijs (de)	цена (ж)	[tsɛná]
kostprijs (de)	стоимость (ж)	[stóimɔstʲ]
som (de)	сумма (ж)	[súmma]
uitgeven (geld besteden)	тратить (нсв, пх)	[trátitʲ]

kosten (mv.)	расходы (мн)	[rasxódi]
bezuinigen (ww)	экономить (нсв, н/пх)	[ɛkɔnómitʲ]
zuinig (bn)	экономный	[ɛkɔnómnij]

betalen (ww)	платить (нсв, н/пх)	[platítʲ]
betaling (de)	оплата (ж)	[ɔpláta]
wisselgeld (het)	сдача (ж)	[zdátʃa]

belasting (de)	налог (м)	[nalóg]
boete (de)	штраф (м)	[ʃtráf]
beboeten (bekeuren)	штрафовать (нсв, пх)	[ʃtrafɔvátʲ]

81. Post. Postkantoor

postkantoor (het)	почта (ж)	[pótʃta]
post (de)	почта (ж)	[pótʃta]
postbode (de)	почтальон (м)	[pɔtʃtaljón]
openingsuren (mv.)	часы (мн) работы	[tʃasī rabóti]

brief (de)	письмо (с)	[pisʲmó]
aangetekende brief (de)	заказное письмо (с)	[zakaznóe pisʲmó]
briefkaart (de)	открытка (ж)	[ɔtkrītka]
telegram (het)	телеграмма (ж)	[telegráma]
postpakket (het)	посылка (ж)	[pɔsīlka]
overschrijving (de)	денежный перевод (м)	[déneʒnij perevód]

ontvangen (ww)	получить (св, пх)	[polutʃítʲ]
sturen (zenden)	отправить (св, пх)	[ɔtprávitʲ]
verzending (de)	отправка (ж)	[ɔtpráfka]

adres (het)	адрес (м)	[ádres]
postcode (de)	индекс (м)	[índɛks]
verzender (de)	отправитель (м)	[ɔtpravítelʲ]
ontvanger (de)	получатель (м)	[polutʃátelʲ]

| naam (de) | имя (с) | [ímʲa] |
| achternaam (de) | фамилия (ж) | [famílija] |

tarief (het)	тариф (м)	[taríf]
standaard (bn)	обычный	[ɔbītʃnij]
zuinig (bn)	экономичный	[ɛkɔnɔmítʃnij]

gewicht (het)	вес (м)	[vés]
afwegen (op de weegschaal)	взвешивать (нсв, пх)	[vzvéʃivatʲ]
envelop (de)	конверт (м)	[kɔnvért]
postzegel (de)	марка (ж)	[márka]
een postzegel plakken op	наклеивать марку	[nakléivatʲ márku]

Woning. Huis. Thuis

huis (het)	дом (м)	[dóm]
thuis (bw)	дома	[dóma]
cour (de)	двор (м)	[dvór]
omheining (de)	ограда (ж)	[ɔgráda]
baksteen (de)	кирпич (м)	[kirpítʃ]
van bakstenen	кирпичный	[kirpítʃnij]
steen (de)	камень (м)	[kámenʲ]
stenen (bn)	каменный	[kámennij]
beton (het)	бетон (м)	[betón]
van beton	бетонный	[betónnij]
nieuw (bn)	новый	[nóvij]
oud (bn)	старый	[stárij]
vervallen (bn)	ветхий	[vétxij]
modern (bn)	современный	[sɔvreménnij]
met veel verdiepingen	многоэтажный	[mnɔgɔ·ɛtáʒnij]
hoog (bn)	высокий	[vɨsókij]
verdieping (de)	этаж (м)	[ɛtáʃ]
met een verdieping	одноэтажный	[ɔdnɔ·ɛtáʒnij]
laagste verdieping (de)	нижний этаж (м)	[níʒnij ɛtáʃ]
bovenverdieping (de)	верхний этаж (м)	[vérhnij ɛtáʃ]
dak (het)	крыша (ж)	[krɨ́ʃa]
schoorsteen (de)	труба (ж)	[trubá]
dakpan (de)	черепица (ж)	[tʃerepítsa]
pannen- (abn)	черепичный	[tʃerepítʃnij]
zolder (de)	чердак (м)	[tʃerdák]
venster (het)	окно (с)	[ɔknó]
glas (het)	стекло (с)	[stekló]
vensterbank (de)	подоконник (л)	[pɔdɔkónik]
luiken (mv.)	ставни (ж мн)	[stávni]
muur (de)	стена (ж)	[stená]
balkon (het)	балкон (м)	[balkón]
regenpijp (de)	водосточная труба (ж)	[vɔdɔstótʃnaja trubá]
boven (bw)	наверху	[naverhú]
naar boven gaan (ww)	подниматься (нсв, возв)	[pɔdnimátsa]
afdalen (on.ww.)	спускаться (нсв, возв)	[spuskátsa]
verhuizen (ww)	переезжать (нсв, нпх)	[pereeʒʒátʲ]

83. Huis. Ingang. Lift

ingang (de)	подъезд (м)	[pɔdjézd]
trap (de)	лестница (ж)	[lésniʦa]
treden (mv.)	ступени (ж мн)	[stupéni]
trapleuning (de)	перила (мн)	[períla]
hal (de)	холл (м)	[hól]
postbus (de)	почтовый ящик (м)	[pɔʧtóvij jáʃik]
vuilnisbak (de)	мусорный бак (м)	[músɔrnij bák]
vuilniskoker (de)	мусоропровод (м)	[musɔrɔ·prɔvód]
lift (de)	лифт (м)	[líft]
goederenlift (de)	грузовой лифт (м)	[gruzɔvój líft]
liftcabine (de)	кабина (ж)	[kabína]
de lift nemen	ехать на лифте	[éhatʲ na lífte]
appartement (het)	квартира (ж)	[kvartíra]
bewoners (mv.)	жильцы (мн)	[ʒilʲʦí]
buurman (de)	сосед (м)	[sɔséd]
buurvrouw (de)	соседка (ж)	[sɔsétka]
buren (mv.)	соседи (мн)	[sɔsédi]

84. Huis. Deuren. Sloten

deur (de)	дверь (ж)	[dvérʲ]
toegangspoort (de)	ворота (мн)	[vɔróta]
deurkruk (de)	ручка (ж)	[rúʧka]
ontsluiten (ontgrendelen)	отпереть (св, н/пх)	[ɔtperétʲ]
openen (ww)	открывать (нсв, пх)	[ɔtkrivátʲ]
sluiten (ww)	закрывать (нсв, пх)	[zakrivátʲ]
sleutel (de)	ключ (м)	[klʲúʧ]
sleutelbos (de)	связка (ж)	[svʲáska]
knarsen (bijv. scharnier)	скрипеть (нсв, нпх)	[skripétʲ]
knarsgeluid (het)	скрип (м)	[skríp]
scharnier (het)	петля (ж)	[petlʲá]
deurmat (de)	коврик (м)	[kóvrik]
slot (het)	замок (м)	[zámɔk]
sleutelgat (het)	замочная скважина (ж)	[zamóʧnaja skváʒina]
grendel (de)	засов (м)	[zasóf]
schuif (de)	задвижка (ж)	[zadvíʃka]
hangslot (het)	навесной замок (м)	[navesnój zamók]
aanbellen (ww)	звонить (нсв, нпх)	[zvɔnítʲ]
bel (geluid)	звонок (м)	[zvɔnók]
deurbel (de)	звонок (м)	[zvɔnók]
belknop (de)	кнопка (ж)	[knópka]
geklop (het)	стук (м)	[stúk]
kloppen (ww)	стучать (нсв, нпх)	[stuʧátʲ]
code (de)	код (м)	[kód]
cijferslot (het)	кодовый замок (м)	[kódɔvij zamók]

parlofoon (de)	домофон (м)	[dɔmɔfón]
nummer (het)	номер (м)	[nómer]
naambordje (het)	табличка (ж)	[tablítʃka]
deurspion (de)	глазок (м)	[glazók]

85. Huis op het platteland

dorp (het)	деревня (ж)	[derévnʲa]
moestuin (de)	огород (м)	[ɔgɔród]
hek (het)	забор (м)	[zabór]

| houten hekwerk (het) | изгородь (ж) | [ízgɔrɔtʲ] |
| tuinpoortje (het) | калитка (ж) | [kalítka] |

graanschuur (de)	амбар (м)	[ambár]
wortelkelder (de)	погреб (м)	[pógreb]
schuur (de)	сарай (м)	[saráj]
waterput (de)	колодец (м)	[kɔlódets]

kachel (de)	печь (ж)	[pétʃʲ]
de kachel stoken	топить печь (нсв)	[tɔpítʲ pétʃʲ]
brandhout (het)	дрова (ж)	[drɔvá]
houtblok (het)	полено (с)	[pɔlénɔ]

| veranda (de) | веранда (ж) | [veránda] |
| terras (het) | терраса (ж) | [terása] |

| bordes (het) | крыльцо (с) | [krilʲtsó] |
| schommel (de) | качели (мн) | [katʃéli] |

86. Kasteel. Paleis

kasteel (het)	замок (м)	[zámɔk]
paleis (het)	дворец (м)	[dvɔréts]
vesting (de)	крепость (ж)	[krépɔstʲ]

ringmuur (de)	стена (ж)	[stená]
toren (de)	башня (ж)	[báʃnʲa]
donjon (de)	главная башня (ж)	[glávnaja báʃnʲa]

valhek (het)	подъёмные ворота (мн)	[pɔdjómnie vɔróta]
onderaardse gang (de)	подземный ход (м)	[pɔdzémnij hód]
slotgracht (de)	ров (м)	[róf]

| ketting (de) | цепь (ж) | [tsæpʲ] |
| schietgat (het) | бойница (ж) | [bɔjnítsa] |

| prachtig (bn) | великолепный | [velikɔlépnij] |
| majestueus (bn) | величественный | [velítʃestvenij] |

| onneembaar (bn) | неприступный | [nepristúpnij] |
| middeleeuws (bn) | средневековый | [srednevekóvij] |

87. Appartement

appartement (het)	квартира (ж)	[kvartíra]
kamer (de)	комната (ж)	[kómnata]
slaapkamer (de)	спальня (ж)	[spálʲnʲa]
eetkamer (de)	столовая (ж)	[stɔlóvaja]
salon (de)	гостиная (ж)	[gɔstínaja]
studeerkamer (de)	кабинет (м)	[kabinét]

gang (de)	прихожая (ж)	[prihóʒaja]
badkamer (de)	ванная комната (ж)	[vánnaja kómnata]
toilet (het)	туалет (м)	[tualét]

plafond (het)	потолок (м)	[pɔtɔlók]
vloer (de)	пол (м)	[pól]
hoek (de)	угол (м)	[úgɔl]

88. Appartement. Schoonmaken

schoonmaken (ww)	убирать (нсв, пх)	[ubirátʲ]
opbergen (in de kast, enz.)	уносить (нсв, пх)	[unɔsítʲ]
stof (het)	пыль (ж)	[pɨlʲ]
stoffig (bn)	пыльный	[pɨlʲnij]
stoffen (ww)	вытирать пыль	[vitirátʲ pɨlʲ]
stofzuiger (de)	пылесос (м)	[pilesós]
stofzuigen (ww)	пылесосить (нсв, н/пх)	[pilesósitʲ]

vegen (de vloer ~)	подметать (нсв, н/пх)	[pɔdmetátʲ]
veegsel (het)	мусор (м)	[músɔr]
orde (de)	порядок (м)	[pɔrʲádɔk]
wanorde (de)	беспорядок (м)	[bespɔrʲádɔk]

zwabber (de)	швабра (ж)	[ʃvábra]
poetsdoek (de)	тряпка (ж)	[trʲápka]
veger (de)	веник (м)	[vénik]
stofblik (het)	совок (м) для мусора	[sɔvók dlʲa músɔra]

89. Meubels. Interieur

meubels (mv.)	мебель (ж)	[mébelʲ]
tafel (de)	стол (м)	[stól]
stoel (de)	стул (м)	[stúl]
bed (het)	кровать (ж)	[krɔvátʲ]
bankstel (het)	диван (м)	[diván]
fauteuil (de)	кресло (с)	[késlɔ]

boekenkast (de)	книжный шкаф (м)	[kníʒnij ʃkáf]
boekenrek (het)	полка (ж)	[pólka]

kledingkast (de)	гардероб (м)	[garderób]
kapstok (de)	вешалка (ж)	[véʃəlka]

staande kapstok (de)	вешалка (ж)	[véʃəlka]
commode (de)	комод (м)	[kɔmód]
salontafeltje (het)	журнальный столик (м)	[ʒurnálʲnij stólik]

spiegel (de)	зеркало (с)	[zérkalɔ]
tapijt (het)	ковёр (м)	[kɔvǿr]
tapijtje (het)	коврик (м)	[kóvrik]

haard (de)	камин (м)	[kamín]
kaars (de)	свеча (ж)	[svetʃá]
kandelaar (de)	подсвечник (м)	[pɔtsvétʃnik]

gordijnen (mv.)	шторы (ж мн)	[ʃtóri]
behang (het)	обои (мн)	[ɔbói]
jaloezie (de)	жалюзи (мн)	[ʒalʲuzí]

bureaulamp (de)	настольная лампа (ж)	[nastólʲnaja lámpa]
wandlamp (de)	светильник (м)	[svetílʲnik]
staande lamp (de)	торшер (м)	[tɔrʃǽr]
luchter (de)	люстра (ж)	[lʲústra]

poot (ov. een tafel, enz.)	ножка (ж)	[nóʃka]
armleuning (de)	подлокотник (м)	[pɔdlɔkótnik]
rugleuning (de)	спинка (ж)	[spínka]
la (de)	ящик (м)	[jáʃik]

90. Beddengoed

beddengoed (het)	постельное бельё (с)	[pɔstélʲnɔe beljǿ]
kussen (het)	подушка (ж)	[pɔdúʃka]
kussenovertrek (de)	наволочка (ж)	[návɔlɔtʃka]
deken (de)	одеяло (с)	[ɔdejálɔ]
laken (het)	простыня (ж)	[prɔstinʲá]
sprei (de)	покрывало (с)	[pɔkriválɔ]

91. Keuken

keuken (de)	кухня (ж)	[kúhnʲa]
gas (het)	газ (м)	[gás]
gasfornuis (het)	газовая плита (ж)	[gázɔvaja plitá]
elektrisch fornuis (het)	электроплита (ж)	[ɛléktrɔ·plitá]
oven (de)	духовка (ж)	[duhófka]
magnetronoven (de)	микроволновая печь (ж)	[mikrɔ·vɔlnóvaja pétʃ]

koelkast (de)	холодильник (м)	[hɔlɔdílʲnik]
diepvriezer (de)	морозильник (м)	[mɔrɔzílʲnik]
vaatwasmachine (de)	посудомоечная машина (ж)	[pɔsúdɔ·móetʃnaja maʃína]

vleesmolen (de)	мясорубка (ж)	[mɪsɔrúpka]
vruchtenpers (de)	соковыжималка (ж)	[sɔkɔ·viʒimálka]
toaster (de)	тостер (м)	[tóstɛr]
mixer (de)	миксер (м)	[míkser]

koffiemachine (de)	кофеварка (ж)	[kɔfevárka]
koffiepot (de)	кофейник (м)	[kɔféjnik]
koffiemolen (de)	кофемолка (ж)	[kɔfemólka]

fluitketel (de)	чайник (м)	[ʧájnik]
theepot (de)	чайник (м)	[ʧájnik]
deksel (de/het)	крышка (ж)	[krĩʃka]
theezeefje (het)	ситечко (с)	[síteʧkɔ]

lepel (de)	ложка (ж)	[lóʃka]
theelepeltje (het)	чайная ложка (ж)	[ʧájnaja lóʃka]
eetlepel (de)	столовая ложка (ж)	[stɔlóvaja lóʃka]
vork (de)	вилка (ж)	[vílka]
mes (het)	нож (м)	[nóʃ]

vaatwerk (het)	посуда (ж)	[pɔsúda]
bord (het)	тарелка (ж)	[tarélka]
schoteltje (het)	блюдце (с)	[blʲúʦe]

likeurglas (het)	рюмка (ж)	[rʲúmka]
glas (het)	стакан (м)	[stakán]
kopje (het)	чашка (ж)	[ʧáʃka]

suikerpot (de)	сахарница (ж)	[sáharniʦa]
zoutvat (het)	солонка (ж)	[sɔlónka]
pepervat (het)	перечница (ж)	[péreʧniʦa]
boterschaaltje (het)	маслёнка (ж)	[maslǿnka]

pan (de)	кастрюля (ж)	[kastrʲúlʲa]
bakpan (de)	сковородка (ж)	[skɔvɔrótka]
pollepel (de)	половник (м)	[pɔlóvnik]
vergiet (de/het)	дуршлаг (м)	[durʃlág]
dienblad (het)	поднос (м)	[pɔdnós]

fles (de)	бутылка (ж)	[butĩlka]
glazen pot (de)	банка (ж)	[bánka]
blik (conserven~)	банка (ж)	[bánka]

flesopener (de)	открывалка (ж)	[ɔtkriválka]
blikopener (de)	открывалка (ж)	[ɔtkriválka]
kurkentrekker (de)	штопор (м)	[ʃtópɔr]
filter (de/het)	фильтр (м)	[fílʲtr]
filteren (ww)	фильтровать (нсв, пх)	[filʲtrɔvátʲ]

| huisvuil (het) | мусор (м) | [músɔr] |
| vuilnisemmer (de) | мусорное ведро (с) | [músɔrnɔe vedró] |

92. Badkamer

badkamer (de)	ванная комната (ж)	[vánnaja kómnata]
water (het)	вода (ж)	[vɔdá]
kraan (de)	кран (м)	[krán]
warm water (het)	горячая вода (ж)	[gɔrʲáʧaja vɔdá]
koud water (het)	холодная вода (ж)	[hɔlódnaja vɔdá]

tandpasta (de)	зубная паста (ж)	[zubnája pásta]
tanden poetsen (ww)	чистить зубы	[tʃístitʲ zúbi]
tandenborstel (de)	зубная щётка (ж)	[zubnája ʃǿtka]

zich scheren (ww)	бриться (нсв, возв)	[brítsa]
scheercrème (de)	пена (ж) для бритья	[péna dlʲa britjá]
scheermes (het)	бритва (ж)	[brítva]

wassen (ww)	мыть (нсв, пх)	[mĩtʲ]
een bad nemen	мыться (нсв, возв)	[mĩtsa]
douche (de)	душ (л)	[dúʃ]
een douche nemen	принимать душ	[prinimátʲ dúʃ]

bad (het)	ванна (ж)	[vánna]
toiletpot (de)	унитаз (м)	[unitás]
wastafel (de)	раковина (ж)	[rákɔvina]

zeep (de)	мыло (с)	[mĩlɔ]
zeepbakje (het)	мыльница (ж)	[mĩlʲnitsa]

spons (de)	губка (ж)	[gúpka]
shampoo (de)	шампунь (м)	[ʃampúnʲ]
handdoek (de)	полотенце (с)	[pɔloténtse]
badjas (de)	халат (л)	[halát]

was (bijv. handwas)	стирка (ж)	[stírka]
wasmachine (de)	стиральная машина (ж)	[stirálʲnaja maʃĩna]
de was doen	стирать бельё	[stirátʲ beljǿ]
waspoeder (de)	стиральный порошок (м)	[stirálʲnij pɔrɔʃók]

93. Huishoudelijke apparaten

televisie (de)	телевизор (м)	[televízɔr]
cassettespeler (de)	магнитофон (м)	[magnitɔfón]
videorecorder (de)	видеомагнитофон (м)	[vídeɔ·magnitɔfón]
radio (de)	приёмник (м)	[prijómnik]
speler (de)	плеер (м)	[pléejer]

videoprojector (de)	видеопроектор (м)	[vídeɔ·prɔǽktɔr]
home theater systeem (het)	домашний кинотеатр (м)	[dɔmáʃnij kinɔteátr]
DVD-speler (de)	DVD проигрыватель (м)	[di·vi·dí prɔígrivatelʲ]
versterker (de)	усилитель (м)	[usilítelʲ]
spelconsole (de)	игровая приставка (ж)	[igrɔvája pristáfka]

videocamera (de)	видеокамера (ж)	[vídeɔ·kámera]
fotocamera (de)	фотоаппарат (м)	[fotɔ·aparát]
digitale camera (de)	цифровой фотоаппарат (м)	[tsifrɔvój fotɔaparát]

stofzuiger (de)	пылесос (м)	[pilesós]
strijkijzer (het)	утюг (м)	[utʲúg]
strijkplank (de)	гладильная доска (ж)	[gladílʲnaja dɔská]
telefoon (de)	телефон (м)	[telefón]
mobieltje (het)	мобильный телефон (м)	[mɔbílʲnij telefón]

naaimachine (de)	швейная машинка (ж)	[ʃvejnaja maʃínka]
microfoon (de)	микрофон (м)	[mikrɔfón]
koptelefoon (de)	наушники (м мн)	[naúʃniki]
afstandsbediening (de)	пульт (м)	[púlʲt]

CD (de)	компакт-диск (м)	[kɔmpákt-dísk]
cassette (de)	кассета (ж)	[kaséta]
vinylplaat (de)	пластинка (ж)	[plastínka]

94. Reparaties. Renovatie

renovatie (de)	ремонт (м)	[remónt]
renoveren (ww)	делать ремонт	[délatʲ remónt]
repareren (ww)	ремонтировать (нсв, пх)	[remɔntírovatʲ]
op orde brengen	приводить в порядок	[privɔdítʲ f pɔrʲádɔk]
overdoen (ww)	переделывать (нсв, пх)	[peredélivatʲ]

verf (de)	краска (ж)	[kráska]
verven (muur ~)	красить (нсв, пх)	[krásitʲ]
schilder (de)	маляр (м)	[malʲár]
kwast (de)	кисть (ж)	[kístʲ]

| kalk (de) | побелка (ж) | [pɔbélka] |
| kalken (ww) | белить (нсв, пх) | [belítʲ] |

behang (het)	обои (мн)	[ɔbói]
behangen (ww)	оклеить обоями	[ɔkléitʲ ɔbójɪmi]
lak (de/het)	лак (м)	[lák]
lakken (ww)	покрывать лаком	[pɔkrivátʲ lákɔm]

95. Loodgieterswerk

water (het)	вода (ж)	[vɔdá]
warm water (het)	горячая вода (ж)	[gɔrʲátʃaja vɔdá]
koud water (het)	холодная вода (ж)	[hɔlódnaja vɔdá]
kraan (de)	кран (м)	[krán]

druppel (de)	капля (ж)	[káplʲa]
druppelen (ww)	капать (нсв, нпх)	[kápatʲ]
lekken (een lek hebben)	течь (нсв, нпх)	[tétʃʲ]
lekkage (de)	течь (ж)	[tétʃʲ]
plasje (het)	лужа (ж)	[lúʒa]

buis, leiding (de)	труба (ж)	[trubá]
stopkraan (de)	вентиль (м)	[véntilʲ]
verstopt raken (ww)	засориться (св, возв)	[zasɔrítsa]

gereedschap (het)	инструменты (м мн)	[instruménti]
Engelse sleutel (de)	разводной ключ (м)	[razvɔdnój klʲútʃ]
losschroeven (ww)	открутить (св, пх)	[ɔtkrutítʲ]
aanschroeven (ww)	закрутить (св, пх)	[zakrutítʲ]
ontstoppen (riool, enz.)	прочищать (нсв, пх)	[prɔtʃiʃʲátʲ]

loodgieter (de)	сантехник (м)	[santéhnik]
kelder (de)	подвал (м)	[pɔdvál]
riolering (de)	канализация (ж)	[kanalizátsija]

96. Brand. Vuurzee

brand (de)	пожар (м)	[pɔʒár]
vlam (de)	пламя (ж)	[plámʲa]
vonk (de)	искра (ж)	[ískra]
rook (de)	дым (м)	[dīm]
fakkel (de)	факел (м)	[fákel]
kampvuur (het)	костёр (м)	[kɔstǿr]

benzine (de)	бензин (м)	[benzín]
kerosine (de)	керосин (м)	[kerɔsín]
brandbaar (bn)	горючий	[gɔrʲútʃij]
ontplofbaar (bn)	взрывоопасный	[vzrivɔ·ɔpásnij]
VERBODEN TE ROKEN!	НЕ КУРИТЬ!	[ne kurítʲ]

veiligheid (de)	безопасность (ж)	[bezɔpásnɔstʲ]
gevaar (het)	опасность (ж)	[ɔpásnɔstʲ]
gevaarlijk (bn)	опасный	[ɔpásnij]

in brand vliegen (ww)	загореться (св, возв)	[zagɔrétsa]
explosie (de)	взрыв (м)	[vzrīf]
in brand steken (ww)	поджечь (св, пх)	[pɔdʒǽtʃʲ]
brandstichter (de)	поджигатель (м)	[pɔdʒigátelʲ]
brandstichting (de)	поджог (м)	[pɔdʒóg]

vlammen (ww)	пылать (нсв, нпх)	[pɨłátʲ]
branden (ww)	гореть (нсв нпх)	[gɔrétʲ]
afbranden (ww)	сгореть (св, нпх)	[sgɔrétʲ]

de brandweer bellen	вызвать пожарных	[vīzvatʲ pɔʒárnih]
brandweerman (de)	пожарный (м)	[pɔʒárnij]
brandweerwagen (de)	пожарная машина (ж)	[pɔʒárnaja maʃína]
brandweer (de)	пожарная команда (ж)	[pɔʒárnaja kɔmánda]
uitschuifbare ladder (de)	пожарная лестница (ж)	[pɔʒárnaja lésnitsa]

brandslang (de)	шланг (м)	[ʃláng]
brandblusser (de)	огнетушитель (м)	[ɔgnetuʃítelʲ]
helm (de)	каска (ж)	[káska]
sirene (de)	сирена (ж)	[siréna]

roepen (ww)	кричать (нсв, нпх)	[kritʃátʲ]
hulp roepen	звать на помощь	[zvátʲ na pómɔʃʲ]
redder (de)	спасатель (м)	[spasátelʲ]
redden (ww)	спасать (нсв, пх)	[spasátʲ]

aankomen (per auto, enz.)	приехать (св, нпх)	[priéhatʲ]
blussen (ww)	тушить (нсв, пх)	[tuʃítʲ]
water (het)	вода (ж)	[vɔdá]
zand (het)	песок (м)	[pesók]
ruïnes (mv.)	руины (мн)	[ruíni]

instorten (gebouw, enz.)	ру́хнуть (св, нпх)	[rúhnutʲ]
ineenstorten (ww)	обвали́ться (св, возв)	[ɔbvalítsa]
inzakken (ww)	обру́шиться (св, возв)	[ɔbrúʃitsa]
brokstuk (het)	обло́мок (м)	[ɔblómɔk]
as (de)	пе́пел (м)	[pépel]
verstikken (ww)	задохну́ться (св, возв)	[zadɔhnútsa]
omkomen (ww)	поги́бнуть (св, нпх)	[pɔgíbnutʲ]

MENSELIJKE ACTIVITEITEN

Baan. Business. Deel 1

97. Bankieren

bank (de)	банк (м)	[bánk]
bankfiliaal (het)	отделение (с)	[ɔtdelénie]
bankbediende (de)	консультант (м)	[kɔnsulʲtánt]
manager (de)	управляющий (м)	[upravlʲájuʃij]
bankrekening (de)	счёт (м)	[ʃɵt]
rekeningnummer (het)	номер (м) счёта	[nómer ʃɵta]
lopende rekening (de)	текущий счёт (м)	[tekúʃʲij ʃɵt]
spaarrekening (de)	накопительный счёт (м)	[nakɔpítelʲnij ʃɵt]
een rekening openen	открыть счёт	[ɔtkrĭtʲ ʃɵt]
de rekening sluiten	закрыть счёт	[zakrĭtʲ ʃɵt]
op rekening storten	положить на счёт	[pɔlɔʒĭtʲ na ʃɵt]
opnemen (ww)	снять со счёта	[snʲátʲ sɔ ʃɵta]
storting (de)	вклад (м)	[fklád]
een storting maken	сделать вклад	[zdélatʲ fklád]
overschrijving (de)	перевод (м)	[perevód]
een overschrijving maken	сделать перевод	[zdélatʲ perevód]
som (de)	сумма (ж)	[súmma]
Hoeveel?	Сколько?	[skólʲkɔ?]
handtekening (de)	подпись (ж)	[pótpisʲ]
ondertekenen (ww)	подписать (св, пх)	[pɔtpisátʲ]
kredietkaart (de)	кредитная карта (ж)	[kredítnaja kárta]
code (de)	код (м)	[kód]
kredietkaartnummer (het)	номер (м) кредитной карты	[nómer kredítnɔj kárti]
geldautomaat (de)	банкомат (м)	[bankɔmát]
cheque (de)	чек (м)	[ʧék]
een cheque uitschrijven	выписать чек	[vĭpisatʲ ʧék]
chequeboekje (het)	чековая книжка (ж)	[ʧékɔvaja kníʃka]
lening, krediet (de)	кредит (м)	[kredít]
een lening aanvragen	обращаться за кредитом	[ɔbraʃátsa za kredítɔm]
een lening nemen	брать кредит	[brátʲ kredít]
een lening verlenen	предоставлять кредит	[predɔstavlʲátʲ kredít]
garantie (de)	гарантия (ж)	[garántija]

98. Telefoon. Telefoongesprek

telefoon (de)	телефон (м)	[telefón]
mobieltje (het)	мобильный телефон (м)	[mɔbílʲnij telefón]
antwoordapparaat (het)	автоответчик (м)	[áftɔ·ɔtvétʧik]
bellen (ww)	звонить (нсв, н/пх)	[zvɔnítʲ]
belletje (telefoontje)	звонок (м)	[zvɔnók]
een nummer draaien	набрать номер	[nabrátʲ nómer]
Hallo!	Алло!	[aló]
vragen (ww)	спросить (св, пх)	[sprɔsítʲ]
antwoorden (ww)	ответить (св, пх)	[ɔtvétitʲ]
horen (ww)	слышать (нсв, пх)	[slíʃatʲ]
goed (bw)	хорошо	[hɔrɔʃó]
slecht (bw)	плохо	[plóhɔ]
storingen (mv.)	помехи (ж мн)	[pɔméhi]
hoorn (de)	трубка (ж)	[trúpka]
opnemen (ww)	снять трубку	[snʲátʲ trúpku]
ophangen (ww)	положить трубку	[pɔlɔʒítʲ trúpku]
bezet (bn)	занятый	[zánɪtij]
overgaan (ww)	звонить (нсв, нпх)	[zvɔnítʲ]
telefoonboek (het)	телефонная книга (ж)	[telefónnaja kníga]
lokaal (bn)	местный	[mésnij]
lokaal gesprek (het)	местный звонок (м)	[mésnij zvɔnók]
interlokaal (bn)	междугородний	[meʒdugɔródnij]
interlokaal gesprek (het)	междугородний звонок (м)	[meʒdugɔródnij zvɔnók]
buitenlands (bn)	международный	[meʒdunaródnij]

99. Mobiele telefoon

mobieltje (het)	мобильный телефон (м)	[mɔbílʲnij telefón]
scherm (het)	дисплей (м)	[displǽj]
toets, knop (de)	кнопка (ж)	[knópka]
simkaart (de)	SIM-карта (ж)	[sim-kárta]
batterij (de)	батарея (ж)	[bataréja]
leeg zijn (ww)	разрядиться (св, возв)	[razrɪdítsa]
acculader (de)	зарядное устройство (с)	[zarʲádnɔe ustrójstvɔ]
menu (het)	меню (с)	[menʲú]
instellingen (mv.)	настройки (ж мн)	[nastrójki]
melodie (beltoon)	мелодия (ж)	[melódija]
selecteren (ww)	выбрать (св, пх)	[vībratʲ]
rekenmachine (de)	калькулятор (м)	[kalʲkulʲátɔr]
voicemail (de)	голосовая почта (ж)	[gɔlɔsɔvája pótʧta]
wekker (de)	будильник (м)	[budílʲnik]
contacten (mv.)	телефонная книга (ж)	[telefónnaja kníga]

SMS-bericht (het)   SMS-сообщение (c)   [ɛs·ɛm·æs-sɔɔpʃénie]
abonnee (de)   абонент (м)   [abɔnént]

100. Schrijfbehoeften

balpen (de)   шариковая ручка (ж)   [ʃárikɔvaja rútʃka]
vulpen (de)   перьевая ручка (ж)   [perjevája rútʃka]

potlood (het)   карандаш (м)   [karandáʃ]
marker (de)   маркер (м)   [márker]
viltstift (de)   фломастер (м)   [flɔmáster]

notitieboekje (het)   блокнот (м)   [blɔknót]
agenda (boekje)   ежедневник (м)   [eʒednévnik]

liniaal (de/het)   линейка (ж)   [linéjka]
rekenmachine (de)   калькулятор (м)   [kalʲkulʲátɔr]
gom (de)   ластик (м)   [lástik]
punaise (de)   кнопка (ж)   [knópka]
paperclip (de)   скрепка (ж)   [skrépka]

lijm (de)   клей (м)   [kléj]
nietmachine (de)   степлер (м)   [stǽpler]
perforator (de)   дырокол (м)   [dirɔkól]
potloodslijper (de)   точилка (ж)   [tɔtʃílka]

Baan. Business. Deel 2

101. Massamedia

krant (de)	газета (ж)	[gazéta]
tijdschrift (het)	журнал (м)	[ʒurnál]
pers (gedrukte media)	пресса (ж)	[présa]
radio (de)	радио (с)	[rádiɔ]
radiostation (het)	радиостанция (ж)	[radiɔ·stántsija]
televisie (de)	телевидение (с)	[televídenje]
presentator (de)	ведущий (м)	[vedúʃij]
nieuwslezer (de)	диктор (м)	[díktɔr]
commentator (de)	комментатор (м)	[kɔmentátɔr]
journalist (de)	журналист (м)	[ʒurnalíst]
correspondent (de)	корреспондент (м)	[kɔrespɔndént]
fotocorrespondent (de)	фотокорреспондент (м)	[fotɔ·kɔrespɔndént]
reporter (de)	репортёр (м)	[repɔrtór]
redacteur (de)	редактор (м)	[redáktɔr]
chef-redacteur (de)	главный редактор (м)	[glávnij redáktɔr]
zich abonneren op	подписаться (св, возв)	[pɔtpisátsa]
abonnement (het)	подписка (ж)	[pɔtpíska]
abonnee (de)	подписчик (м)	[pɔtpíʃik]
lezen (ww)	читать (нсв, н/пх)	[tʃitátʲ]
lezer (de)	читатель (м)	[tʃitátelʲ]
oplage (de)	тираж (м)	[tiráʃ]
maand-, maandelijks (bn)	ежемесячный	[eʒemésɪtʃnij]
wekelijks (bn)	еженедельный	[eʒenedélʲnij]
nummer (het)	номер (м)	[nómer]
vers (~ van de pers)	свежий	[svéʒij]
kop (de)	заголовок (м)	[zagɔlóvɔk]
korte artikel (het)	заметка (ж)	[zamétka]
rubriek (de)	рубрика (ж)	[rúbrika]
artikel (het)	статья (ж)	[statjá]
pagina (de)	страница (ж)	[stranítsa]
reportage (de)	репортаж (м)	[repɔrtáʃ]
gebeurtenis (de)	событие (с)	[sɔbïtie]
sensatie (de)	сенсация (ж)	[sensátsija]
schandaal (het)	скандал (м)	[skandál]
schandalig (bn)	скандальный	[skandálʲnij]
groot (~ schandaal, enz.)	громкий	[grómkij]
programma (het)	передача (ж)	[peredátʃa]
interview (het)	интервью (с)	[intɛrvjú]

| live uitzending (de) | прямая трансляция (ж) | [prɪmája transl'átsija] |
| kanaal (het) | канал (м) | [kanál] |

102. Landbouw

landbouw (de)	сельское хозяйство (c)	[sél'skɔe hɔz'ájstvɔ]
boer (de)	крестьянин (м)	[krestjánin]
boerin (de)	крестьянка (ж)	[krestjánka]
landbouwer (de)	фермер (м)	[férmer]

| tractor (de) | трактор (м) | [tráktɔr] |
| maaidorser (de) | комбайн (м) | [kɔmbájn] |

ploeg (de)	плуг (м)	[plúg]
ploegen (ww)	пахать (нсв, н/пх)	[pahát']
akkerland (het)	пашня (ж)	[páʃn'a]
voor (de)	борозда (ж)	[bɔrɔzdá]

zaaien (ww)	сеять (нсв, пх)	[séjat']
zaaimachine (de)	сеялка (ж)	[séjalka]
zaaien (het)	посев (м)	[pɔséf]

| zeis (de) | коса (ж) | [kɔsá] |
| maaien (ww) | косить (нсв, н/пх) | [kɔsít'] |

| schop (de) | лопата (ж) | [lɔpáta] |
| spitten (ww) | копать (нсв, пх) | [kɔpát'] |

schoffel (de)	тяпка (ж)	[t'ápka]
wieden (ww)	полоть (нсв, пх)	[pɔlót']
onkruid (het)	сорняк (м)	[sɔrn'ák]

gieter (de)	лейка (ж)	[léjka]
begieten (water geven)	поливать (нсв, пх)	[pɔlivát']
bewatering (de)	полив (м)	[pɔlíf]

| riek, hooivork (de) | вилы (мн) | [víli] |
| hark (de) | грабли (мн) | [grábli] |

kunstmest (de)	удобрение (c)	[udɔbrénie]
bemesten (ww)	удобрять (нсв, пх)	[udɔbr'át']
mest (de)	навоз (м)	[navós]

veld (het)	поле (c)	[póle]
wei (de)	луг (м)	[lúg]
moestuin (de)	огород (м)	[ɔgɔród]
boomgaard (de)	сад (м)	[sád]

weiden (ww)	пасти (нсв, пх)	[pastí]
herder (de)	пастух (м)	[pastúh]
weiland (de)	пастбище (c)	[pázbiʃe]

| veehouderij (de) | животноводство (c) | [ʒivɔtnɔvótstvɔ] |
| schapenteelt (de) | овцеводство (c) | [ɔftsɛvótstvɔ] |

plantage (de)	плантация (ж)	[plantátsija]
rijtje (het)	грядка (ж)	[grʲátka]
broeikas (de)	парник (м)	[parník]

| droogte (de) | засуха (ж) | [zásuha] |
| droog (bn) | засушливый | [zasúʃlivij] |

graan (het)	зерно (с)	[zernó]
graangewassen (mv.)	зерновые (мн)	[zernɔvíje]
oogsten (ww)	убирать (нсв, пх)	[ubirátʲ]

molenaar (de)	мельник (м)	[mélʲnik]
molen (de)	мельница (ж)	[mélʲnitsa]
malen (graan ~)	молоть (нсв, пх)	[mɔlótʲ]
bloem (bijv. tarwebloem)	мука (ж)	[muká]
stro (het)	солома (ж)	[sɔlóma]

103. Gebouw. Bouwproces

bouwplaats (de)	стройка (ж)	[strójka]
bouwen (ww)	строить (нсв, пх)	[stróitʲ]
bouwvakker (de)	строитель (м)	[strɔítelʲ]

project (het)	проект (м)	[prɔǽkt]
architect (de)	архитектор (м)	[arhitéktɔr]
arbeider (de)	рабочий (м)	[rabótʃij]

fundering (de)	фундамент (м)	[fundáment]
dak (het)	крыша (ж)	[kríʃa]
heipaal (de)	свая (ж)	[svája]
muur (de)	стена (ж)	[stená]

| betonstaal (het) | арматура (ж) | [armatúra] |
| steigers (mv.) | строительные леса (мн) | [strɔítelʲnie lesá] |

beton (het)	бетон (м)	[betón]
graniet (het)	гранит (м)	[granít]
steen (de)	камень (м)	[kámenʲ]
baksteen (de)	кирпич (м)	[kirpítʃ]

zand (het)	песок (м)	[pesók]
cement (de/het)	цемент (м)	[tsɛmént]
pleister (het)	штукатурка (ж)	[ʃtukatúrka]
pleisteren (ww)	штукатурить (нсв, пх)	[ʃtukatúritʲ]

verf (de)	краска (ж)	[kráska]
verven (muur ~)	красить (нсв, пх)	[krásitʲ]
ton (de)	бочка (ж)	[bótʃka]

kraan (de)	кран (м)	[krán]
heffen, hijsen (ww)	поднимать (нсв, пх)	[pɔdnimátʲ]
neerlaten (ww)	опускать (нсв, пх)	[ɔpuskátʲ]
bulldozer (de)	бульдозер (м)	[bulʲdózer]
graafmachine (de)	экскаватор (м)	[ɛkskavátɔr]

graafbak (de)	ковш (м)	[kóvʃ]
graven (tunnel, enz.)	копать (нсв, пх)	[kɔpátʲ]
helm (de)	каска (ж)	[káska]

Beroepen en ambachten

| baan (de) | работа (ж) | [rabóta] |
| personeel (het) | персонал (м) | [persɔnál] |

carrière (de)	карьера (ж)	[karjéra]
vooruitzichten (mv.)	перспектива (ж)	[perspektíva]
meesterschap (het)	мастерство (с)	[masterstvó]

keuze (de)	подбор (м)	[pɔdbór]
uitzendbureau (het)	кадровое агентство (с)	[kádrɔvɔe agénstvɔ]
CV, curriculum vitae (het)	резюме (с)	[rezʲumé]
sollicitatiegesprek (het)	собеседование (с)	[sɔbesédɔvanie]
vacature (de)	вакансия (ж)	[vakánsija]

salaris (het)	зарплата (ж)	[zarpláta]
vaste salaris (het)	оклад (м)	[ɔklád]
loon (het)	оплата (ж)	[ɔpláta]

betrekking (de)	должность (ж)	[dólʒnɔstʲ]
taak, plicht (de)	обязанность (ж)	[ɔbʲázanɔstʲ]
takenpakket (het)	круг (м)	[krúg]
bezig (~ zijn)	занятой	[zanɪtój]

| ontslagen (ww) | уволить (св, пх) | [uvólitʲ] |
| ontslag (het) | увольнение (с) | [uvɔlʲnénie] |

werkloosheid (de)	безработица (ж)	[bezrabótitsa]
werkloze (de)	безработный (м)	[bezrabótnij]
pensioen (het)	пенсия (ж)	[pénsija]
met pensioen gaan	уйти на пенсию	[ujtí na pénsiju]

directeur (de)	директор (м)	[diréktɔr]
beheerder (de)	управляющий (м)	[upravlʲájuʃij]
hoofd (het)	руководитель, шеф (м)	[rukɔvɔdítelʲ], [ʃæf]

baas (de)	начальник (м)	[natʃálʲnik]
superieuren (mv.)	начальство (с)	[natʃálʲstvɔ]
president (de)	президент (м)	[prezidént]
voorzitter (de)	председатель (м)	[pretsedátelʲ]

adjunct (de)	заместитель (м)	[zamestítelʲ]
assistent (de)	помощник (м)	[pɔmóʃnik]
secretaris (de)	секретарь (м)	[sekretárʲ]

persoonlijke assistent (de)	личный секретарь (м)	[líʧnij sekretárʲ]
zakenman (de)	бизнесмен (м)	[biznɛsmén]
ondernemer (de)	предприниматель (м)	[pretprinimátelʲ]
oprichter (de)	основатель (м)	[ɔsnɔvátelʲ]
oprichten	основать (св, пх)	[ɔsnɔvátʲ]
(een nieuw bedrijf ~)		

stichter (de)	учредитель (м)	[uʧredítelʲ]
partner (de)	партнёр (м)	[partnǿr]
aandeelhouder (de)	акционер (м)	[aktsiɔnér]

miljonair (de)	миллионер (м)	[miliɔnér]
miljardair (de)	миллиардер (м)	[miliardér]
eigenaar (de)	владелец (м)	[vladélets]
landeigenaar (de)	землевладелец (м)	[zemle·vladélets]

klant (de)	клиент (м)	[kliént]
vaste klant (de)	постоянный клиент (м)	[pɔstɔjánnij kliént]
koper (de)	покупатель (м)	[pɔkupátelʲ]
bezoeker (de)	посетитель (м)	[pɔsetítelʲ]

professioneel (de)	профессионал (м)	[prɔfesiɔnál]
expert (de)	эксперт (м)	[ɛkspért]
specialist (de)	специалист (м)	[spetsialíst]

bankier (de)	банкир (м)	[bankír]
makelaar (de)	брокер (м)	[bróker]

kassier (de)	кассир (м)	[kassír]
boekhouder (de)	бухгалтер (м)	[buhgálter]
bewaker (de)	охранник (м)	[ɔhránnik]

investeerder (de)	инвестор (м)	[invéstɔr]
schuldenaar (de)	должник (м)	[dɔlʒník]
crediteur (de)	кредитор (м)	[kreditór]
lener (de)	заёмщик (м)	[zajómʃik]

importeur (de)	импортёр (м)	[impɔrtǿr]
exporteur (de)	экспортёр (м)	[ɛkspɔrtǿr]

producent (de)	производитель (м)	[prɔizvɔdítelʲ]
distributeur (de)	дистрибьютор (м)	[distribjútɔr]
bemiddelaar (de)	посредник (м)	[pɔsrédnik]

adviseur, consulent (de)	консультант (м)	[kɔnsulʲtánt]
vertegenwoordiger (de)	представитель (м)	[pretstavítelʲ]
agent (de)	агент (м)	[agént]
verzekeringsagent (de)	страховой агент (м)	[strahɔvój agént]

106. Dienstverlenende beroepen

kok (de)	повар (м)	[póvar]
chef-kok (de)	шеф-повар (м)	[ʃæf-póvar]
bakker (de)	пекарь (м)	[pékarʲ]

barman (de)	бармен (м)	[bármɛn]
kelner, ober (de)	официант (м)	[ɔfitsiánt]
serveerster (de)	официантка (ж)	[ɔfitsiántka]

advocaat (de)	адвокат (м)	[advɔkát]
jurist (de)	юрист (м)	[juríst]
notaris (de)	нотариус (м)	[nɔtárius]

elektricien (de)	электрик (м)	[ɛléktrik]
loodgieter (de)	сантехник (м)	[santéhnik]
timmerman (de)	плотник (м)	[plótnik]

masseur (de)	массажист (м)	[masaʒíst]
masseuse (de)	массажистка (ж)	[masaʒístka]
dokter, arts (de)	врач (м)	[vrátʃ]

taxichauffeur (de)	таксист (м)	[taksíst]
chauffeur (de)	шофёр (м)	[ʃɔfǿr]
koerier (de)	курьер (м)	[kurjér]

kamermeisje (het)	горничная (ж)	[górnitʃnaja]
bewaker (de)	охранник (м)	[ɔhránnik]
stewardess (de)	стюардесса (ж)	[stʲuardǽsa]

meester (de)	учитель (м)	[utʃítelʲ]
bibliothecaris (de)	библиотекарь (м)	[bibliɔtékarʲ]
vertaler (de)	переводчик (м)	[perevóttʃik]
tolk (de)	переводчик (м)	[perevóttʃik]
gids (de)	гид (м)	[gíd]

kapper (de)	парикмахер (м)	[parikmáher]
postbode (de)	почтальон (м)	[pɔtʃtaljón]
verkoper (de)	продавец (м)	[prɔdavéts]

tuinman (de)	садовник (м)	[sadóvnik]
huisbediende (de)	слуга (ж)	[slugá]
dienstmeisje (het)	служанка (ж)	[sluʒánka]
schoonmaakster (de)	уборщица (ж)	[ubórʃitsa]

107. Militaire beroepen en rangen

soldaat (rang)	рядовой (м)	[rɪdɔvój]
sergeant (de)	сержант (м)	[serʒánt]
luitenant (de)	лейтенант (м)	[lejtenánt]
kapitein (de)	капитан (м)	[kapitán]

majoor (de)	майор (м)	[majór]
kolonel (de)	полковник (м)	[pɔlkóvnik]
generaal (de)	генерал (м)	[generál]
maarschalk (de)	маршал (м)	[márʃal]
admiraal (de)	адмирал (м)	[admirál]

| militair (de) | военный (м) | [vɔénnij] |
| soldaat (de) | солдат (м) | [sɔldát] |

| officier (de) | офицер (м) | [ɔfitsǽr] |
| commandant (de) | командир (м) | [kɔmandír] |

grenswachter (de)	пограничник (м)	[pɔgraníʧnik]
marconist (de)	радист (м)	[radíst]
verkenner (de)	разведчик (м)	[razvéttʃik]
sappeur (de)	сапёр (м)	[sapǿr]
schutter (de)	стрелок (м)	[strelók]
stuurman (de)	штурман (м)	[ʃtúrman]

108. Ambtenaren. Priesters

| koning (de) | король (м) | [kɔrólʲ] |
| koningin (de) | королева (ж) | [kɔrɔléva] |

| prins (de) | принц (м) | [prínts] |
| prinses (de) | принцесса (ж) | [printsǽsa] |

| tsaar (de) | царь (м) | [tsárʲ] |
| tsarina (de) | царица (ж) | [tsarítsa] |

president (de)	президент (м)	[prezidént]
minister (de)	министр (м)	[minístr]
eerste minister (de)	премьер-министр (м)	[premjér-minístr]
senator (de)	сенатор (м)	[senátɔr]

diplomaat (de)	дипломат (м)	[diplɔmát]
consul (de)	консул (м)	[kónsul]
ambassadeur (de)	посол (м)	[pɔsól]
adviseur (de)	советник (м)	[sɔvétnik]

ambtenaar (de)	чиновник (м)	[ʧinóvnik]
prefect (de)	префект (м)	[prefékt]
burgemeester (de)	мэр (м)	[mǽr]

| rechter (de) | судья (ж) | [sudjá] |
| aanklager (de) | прокурор (м) | [prɔkurór] |

missionaris (de)	миссионер (м)	[misiɔnér]
monnik (de)	монах (м)	[mɔnáh]
abt (de)	аббат (м)	[abát]
rabbi, rabbijn (de)	раввин (м)	[ravín]

vizier (de)	визирь (м)	[vizírʲ]
sjah (de)	шах (м)	[ʃáh]
sjeik (de)	шейх (м)	[ʃǽjh]

109. Agrarische beroepen

imker (de)	пчеловод (м)	[pʧelɔvód]
herder (de)	пастух (м)	[pastúh]
landbouwkundige (de)	агроном (м)	[agrɔnóm]

| veehouder (de) | животновод (м) | [ʒivɔtnɔvód] |
| dierenarts (de) | ветеринар (м) | [veterinár] |

landbouwer (de)	фермер (м)	[férmer]
wijnmaker (de)	винодел (м)	[vinɔdél]
zoöloog (de)	зоолог (м)	[zɔólɔg]
cowboy (de)	ковбой (м)	[kɔvbój]

110. Kunst beroepen

| acteur (de) | актёр (м) | [aktǿr] |
| actrice (de) | актриса (ж) | [aktrísa] |

| zanger (de) | певец (м) | [pevéʦ] |
| zangeres (de) | певица (ж) | [pevíʦa] |

| danser (de) | танцор (м) | [tanʦór] |
| danseres (de) | танцовщица (ж) | [tanʦófʃiʦa] |

| artiest (mann.) | артист (м) | [artíst] |
| artiest (vrouw.) | артистка (ж) | [artístka] |

muzikant (de)	музыкант (м)	[muzikánt]
pianist (de)	пианист (м)	[pianíst]
gitarist (de)	гитарист (м)	[gitaríst]

orkestdirigent (de)	дирижёр (м)	[diriʒór]
componist (de)	композитор (м)	[kɔmpɔzítɔr]
impresario (de)	импресарио (м)	[impresáriɔ]

filmregisseur (de)	режиссёр (м)	[reʒisǿr]
filmproducent (de)	продюсер (м)	[prɔdʲúsɛr]
scenarioschrijver (de)	сценарист (м)	[stsɛnaríst]
criticus (de)	критик (м)	[krítik]

schrijver (de)	писатель (м)	[pisátelʲ]
dichter (de)	поэт (м)	[pɔǽt]
beeldhouwer (de)	скульптор (м)	[skúlʲptɔr]
kunstenaar (de)	художник (м)	[hudóʒnik]

jongleur (de)	жонглёр (м)	[ʒɔnglǿr]
clown (de)	клоун (м)	[klóun]
acrobaat (de)	акробат (м)	[akrɔbát]
goochelaar (de)	фокусник (м)	[fókusnik]

111. Verschillende beroepen

dokter, arts (de)	врач (м)	[vrátʃ]
ziekenzuster (de)	медсестра (ж)	[metsestrá]
psychiater (de)	психиатр (м)	[psihiátr]
tandarts (de)	стоматолог (м)	[stɔmatólɔg]
chirurg (de)	хирург (м)	[hirúrg]

astronaut (de)	астронавт (м)	[astrɔnávt]
astronoom (de)	астроном (м)	[astrɔnóm]
chauffeur (de)	водитель (м)	[vɔdítelʲ]
machinist (de)	машинист (м)	[maʃiníst]
mecanicien (de)	механик (м)	[mehánik]
mijnwerker (de)	шахтёр (м)	[ʃahtǿr]
arbeider (de)	рабочий (м)	[rabótʃij]
bankwerker (de)	слесарь (м)	[slésarʲ]
houtbewerker (de)	столяр (м)	[stɔlʲár]
draaier (de)	токарь (м)	[tókarʲ]
bouwvakker (de)	строитель (м)	[strɔítelʲ]
lasser (de)	сварщик (м)	[svárʃʲik]
professor (de)	профессор (м)	[prɔfésɔr]
architect (de)	архитектор (м)	[arhitéktɔr]
historicus (de)	историк (м)	[istórik]
wetenschapper (de)	учёный (м)	[utʃónij]
fysicus (de)	физик (м)	[fízik]
scheikundige (de)	химик (м)	[hímik]
archeoloog (de)	археолог (м)	[arheólɔg]
geoloog (de)	геолог (м)	[geólɔg]
onderzoeker (de)	исследователь (м)	[islédɔvatelʲ]
babysitter (de)	няня (+)	[nʲánʲa]
leraar, pedagoog (de)	учитель (м)	[utʃítelʲ]
redacteur (de)	редактор (м)	[redáktɔr]
chef-redacteur (de)	главный редактор (м)	[glávnij redáktɔr]
correspondent (de)	корреспондент (м)	[kɔrespɔndént]
typiste (de)	машинистка (ж)	[maʃinístka]
designer (de)	дизайнер (м)	[dizájner]
computerexpert (de)	компьютерщик (м)	[kɔmpjútɛrʃʲik]
programmeur (de)	программист (м)	[prɔgramíst]
ingenieur (de)	инженер (м)	[inʒenér]
matroos (de)	моряк (м)	[mɔrʲák]
zeeman (de)	матрос (м)	[matrós]
redder (de)	спасатель (м)	[spasátelʲ]
brandweerman (de)	пожарный (м)	[pɔʒárnij]
politieagent (de)	полицейский (м)	[pɔlitsæjskij]
nachtwaker (de)	сторож (м)	[stórɔʃ]
detective (de)	сыщик (м)	[sɪʃʲik]
douanier (de)	таможенник (м)	[tamóʒenik]
lijfwacht (de)	телохранитель (м)	[telɔhranítelʲ]
gevangenisbewaker (de)	охранник (м)	[ohránnik]
inspecteur (de)	инспектор (м)	[inspéktɔr]
sportman (de)	спортсмен (м)	[spɔrtsmén]
trainer (de)	тренер (м)	[tréner]
slager, beenhouwer (de)	мясник (м)	[mɪsník]

schoenlapper (de)	сапожник (м)	[sapóӡnik]
handelaar (de)	коммерсант (м)	[kɔmersánt]
lader (de)	грузчик (м)	[grúʃik]

kledingstilist (de)	модельер (м)	[mɔdɛljér]
model (het)	модель (ж)	[mɔdǽlʲ]

112. Beroepen. Sociale status

scholier (de)	школьник (м)	[ʃkólʲnik]
student (de)	студент (м)	[studént]

filosoof (de)	философ (м)	[filósɔf]
econoom (de)	экономист (м)	[ɛkɔnɔmíst]
uitvinder (de)	изобретатель (м)	[izɔbretátelʲ]

werkloze (de)	безработный (м)	[bezrabótnij]
gepensioneerde (de)	пенсионер (м)	[pensiɔnér]
spion (de)	шпион (м)	[ʃpión]

gedetineerde (de)	заключённый (м)	[zaklʲutʃónnij]
staker (de)	забастовщик (м)	[zabastófʃik]
bureaucraat (de)	бюрократ (м)	[bʲurɔkrát]
reiziger (de)	путешественник (м)	[puteʃǽstvenik]

homoseksueel (de)	гомосексуалист (м)	[gomɔ·sɛksualíst]
hacker (computerkraker)	хакер (м)	[háker]
hippie (de)	хиппи (м)	[híppi]

bandiet (de)	бандит (м)	[bandít]
huurmoordenaar (de)	наёмный убийца (м)	[najómnij ubíjtsa]
drugsverslaafde (de)	наркоман (м)	[narkɔmán]
drugshandelaar (de)	торговец (м) наркотиками	[tɔrgóvets narkótikami]
prostituee (de)	проститутка (ж)	[prɔstitútka]
pooier (de)	сутенёр (м)	[sutenǿr]

tovenaar (de)	колдун (м)	[kɔldún]
tovenares (de)	колдунья (ж)	[kɔldúnja]
piraat (de)	пират (м)	[pirát]
slaaf (de)	раб (м)	[ráb]
samoerai (de)	самурай (м)	[samuráj]
wilde (de)	дикарь (м)	[dikárʲ]

Sport

sportman (de)	спортсмен (м)	[sportsmén]
soort sport (de/het)	вид (м) спорта	[víd spórta]
basketbal (het)	баскетбол (м)	[basketból]
basketbalspeler (de)	баскетболист (м)	[basketbolíst]
baseball (het)	бейсбол (м)	[bejzból]
baseballspeler (de)	бейсболист (м)	[bejzbolíst]
voetbal (het)	футбол (м)	[fut'bol]
voetballer (de)	футболист (м)	[futbolíst]
doelman (de)	вратарь (м)	[vratár']
hockey (het)	хоккей (м)	[hokéj]
hockeyspeler (de)	хоккеист (м)	[hokeíst]
volleybal (het)	волейбол (м)	[volejból]
volleybalspeler (de)	волейболист (м)	[volejbolíst]
boksen (het)	бокс (м)	[bóks]
bokser (de)	боксёр (м)	[boksǿr]
worstelen (het)	борьба (ж)	[bor'bá]
worstelaar (de)	борец (м)	[boréts]
karate (de)	карате (с)	[karatǽ]
karateka (de)	каратист (м)	[karatíst]
judo (de)	дзюдо (с)	[dz'udó]
judoka (de)	дзюдоист (м)	[dz'udoíst]
tennis (het)	теннис (м)	[tǽnis]
tennisspeler (de)	теннисист (м)	[tɛnisíst]
zwemmen (het)	плавание (с)	[plávanie]
zwemmer (de)	пловец (м)	[plovéts]
schermen (het)	фехтование (с)	[fehtovánie]
schermer (de)	фехтовальщик (м)	[fehtovál'ʃik]
schaak (het)	шахматы (мн)	[ʃáhmati]
schaker (de)	шахматист (м)	[ʃahmatíst]
alpinisme (het)	альпинизм (м)	[al'pinízm]
alpinist (de)	альпинист (м)	[al'piníst]
hardlopen (het)	бег (м)	[bég]

renner (de)	бегун (м)	[begún]
atletiek (de)	лёгкая атлетика (ж)	[lǿhkaja atlétika]
atleet (de)	атлет (м)	[atlét]

| paardensport (de) | конный спорт (м) | [kónnij spórt] |
| ruiter (de) | наездник (м) | [naéznik] |

kunstschaatsen (het)	фигурное катание (с)	[figúrnɔe katánie]
kunstschaatser (de)	фигурист (м)	[figuríst]
kunstschaatsster (de)	фигуристка (ж)	[figurístka]

| gewichtheffen (het) | тяжёлая атлетика (ж) | [tiʒólaja atlétika] |
| gewichtheffer (de) | штангист (м) | [ʃtangíst] |

| autoraces (mv.) | автогонки (ж мн) | [aftɔ·gónki] |
| coureur (de) | гонщик (м) | [gónʃik] |

| wielersport (de) | велоспорт (м) | [velɔspórt] |
| wielrenner (de) | велосипедист (м) | [velɔsipedíst] |

verspringen (het)	прыжки (м мн) в длину	[priʃkí v dlinú]
polsstokspringen (het)	прыжки (м мн) с шестом	[priʃkí s ʃɛstóm]
verspringer (de)	прыгун (м)	[prigún]

114. Soorten sporten. Diversen

Amerikaans voetbal (het)	американский футбол (м)	[amerikánskij futból]
badminton (het)	бадминтон (м)	[badmintón]
biatlon (de)	биатлон (м)	[biatlón]
biljart (het)	бильярд (м)	[biljárd]

bobsleeën (het)	бобслей (м)	[bɔbsléj]
bodybuilding (de)	бодибилдинг (м)	[bɔdibílding]
waterpolo (het)	водное поло (с)	[vódnɔe pólɔ]
handbal (de)	гандбол (м)	[ganból]
golf (het)	гольф (м)	[gólʲf]

roeisport (de)	гребля (ж)	[gréblʲa]
duiken (het)	дайвинг (м)	[dájving]
langlaufen (het)	лыжные гонки (ж мн)	[lïʒnie gónki]
tafeltennis (het)	настольный теннис (м)	[nastólʲnij tænis]

zeilen (het)	парусный спорт (м)	[párusnij spórt]
rally (de)	ралли (с)	[ráli]
rugby (het)	регби (с)	[rǽgbi]
snowboarden (het)	сноуборд (м)	[snɔubórd]
boogschieten (het)	стрельба (ж) из лука	[strelʲbá iz lúka]

115. Fitnessruimte

| lange halter (de) | штанга (ж) | [ʃtánga] |
| halters (mv.) | гантели (ж мн) | [gantéli] |

training machine (de)	трснажёр (m)	[trenaʒór]
hometrainer (de)	велотренажёр (m)	[velɔ·trenaʒór]
loopband (de)	беговая дорожка (ж)	[begɔvája dɔrójka]

rekstok (de)	перекладина (ж)	[perekládina]
brug (de) gelijke leggers	брусья (мн)	[brúsja]
paardsprong (de)	конь (m)	[kónʲ]
mat (de)	мат (m)	[mát]

springtouw (het)	скакалка (ж)	[skakálka]
aerobics (de)	аэробика (ж)	[aɛróbika]
yoga (de)	йога (ж)	[jóga]

116. Sporten. Diversen

Olympische Spelen (mv.)	Олимпийские игры (ж мн)	[ɔlimpíjskie ígri]
winnaar (de)	победитель (m)	[pɔbedítelʲ]
overwinnen (ww)	побеждать (нсв, нпх)	[pɔbeʒdátʲ]
winnen (ww)	выиграть (св, нпх)	[vĩigratʲ]

| leider (de) | лидер (m) | [líder] |
| leiden (ww) | лидировать (нсв, нпх) | [lidírɔvatʲ] |

eerste plaats (de)	первое место (c)	[pérvɔe méstɔ]
tweede plaats (de)	второе место (c)	[ftɔróe méstɔ]
derde plaats (de)	третье место (c)	[trétje méstɔ]

medaille (de)	медаль (ж)	[medálʲ]
trofee (de)	трофей (m)	[trɔféj]
beker (de)	кубок (m)	[kúbɔk]
prijs (de)	приз (m)	[prís]
hoofdprijs (de)	главный приз (m)	[glávnij prís]

| record (het) | рекорд (m) | [rekórd] |
| een record breken | ставить рекорд | [stávitʲ rekórd] |

| finale (de) | финал (m) | [finál] |
| finale (bn) | финальный | [finálʲnij] |

| kampioen (de) | чемпион (m) | [tʲempión] |
| kampioenschap (het) | чемпионат (m) | [tʲempiɔnát] |

stadion (het)	стадион (m)	[stadión]
tribune (de)	трибуна (ж)	[tribúna]
fan, supporter (de)	болельщик (m)	[bɔlélʲʃik]
tegenstander (de)	противник (m)	[prɔtívnik]

| start (de) | старт (m) | [stárt] |
| finish (de) | финиш (m) | [fíniʃ] |

nederlaag (de)	поражение (c)	[pɔraʒǽnie]
verliezen (ww)	проиграть (св, нпх)	[prɔigrátʲ]
rechter (de)	судья (ж)	[sudjá]
jury (de)	жюри (c)	[ʒurí]

stand (~ is 3-1)	счёт (м)	[ʃót]
gelijkspel (het)	ничья (ж)	[nitʃjá]
in gelijk spel eindigen	сыграть вничью	[sɪgrátʲ vnitʃjú]
punt (het)	очко (с)	[otʃkó]
uitslag (de)	результат (м)	[rezulʲtát]
pauze (de)	перерыв (м)	[pererīf]
doping (de)	допинг (м)	[dóping]
straffen (ww)	штрафовать (нсв, пх)	[ʃtrafovátʲ]
diskwalificeren (ww)	дисквалифицировать (нсв, пх)	[diskvalifitsīrovatʲ]
toestel (het)	снаряд (м)	[snarʲád]
speer (de)	копьё (с)	[kopjǿ]
kogel (de)	ядро (с)	[jɪdró]
bal (de)	шар (м)	[ʃár]
doel (het)	цель (ж)	[tsǽlʲ]
schietkaart (de)	мишень (ж)	[miʃǽnʲ]
schieten (ww)	стрелять (нсв, нпх)	[strelʲátʲ]
precies (bijv. precieze schot)	точный	[tótʃnɪj]
trainer, coach (de)	тренер (м)	[tréner]
trainen (ww)	тренировать (нсв, пх)	[trenirovátʲ]
zich trainen (ww)	тренироваться (нсв, возв)	[trenirovátsa]
training (de)	тренировка (ж)	[trenirófka]
gymnastiekzaal (de)	спортзал (м)	[sportzál]
oefening (de)	упражнение (с)	[upraʒnénie]
opwarming (de)	разминка (ж)	[razmínka]

Onderwijs

school (de)	шкрла (ж)	[ʃkóla]
schooldirecteur (de)	дирєктор (м) школы	[diréktor ʃkóli]
leerling (de)	ученчк (м)	[utʃeník]
leerlinge (de)	ученчца (ж)	[utʃenítsa]
scholier (de)	школьник (м)	[ʃkólʲnik]
scholiere (de)	школьница (ж)	[ʃkólʲnitsa]
leren (lesgeven)	учить (нсв, пх)	[utʃítʲ]
studeren (bijv. een taal ~)	учить (нсв, пх)	[utʃítʲ]
van buiten leren	учить наизусть	[utʃítʲ naizústʲ]
leren (bijv. ~ tellen)	учиться (нсв, возв)	[utʃítsa]
in school zijn	учиться (нсв, возв)	[utʃítsa]
(schooljongen zijn)		
naar school gaan	идти в школу	[itʲtí f ʃkólu]
alfabet (het)	алфавит (м)	[alfavít]
vak (schoolvak)	предмэт (м)	[predmét]
klaslokaal (het)	класс (л)	[klás]
les (de)	урок (м)	[urók]
pauze (de)	перемена (ж)	[pereména]
bel (de)	звонок (м)	[zvonók]
schooltafel (de)	парта (ж)	[párta]
schoolbord (het)	доска (ж)	[doská]
cijfer (het)	отметка (ж)	[otmétka]
goed cijfer (het)	хорошая отметка (ж)	[horóʃaja otmétka]
slecht cijfer (het)	плохая отметка (ж)	[plohája otmétka]
een cijfer geven	ставить отметку	[stávitʲ otmétku]
fout (de)	ошибка (ж)	[oʃípka]
fouten maken	делать ошибки	[délatʲ oʃípki]
corrigeren (fouten ~)	исправлять (нсв, пх)	[ispravlʲátʲ]
spiekbriefje (het)	шпаргалка (ж)	[ʃpargálka]
huiswerk (het)	домашнее задание (с)	[domáʃnee zadánie]
oefening (de)	упражнение (с)	[upraʒnénie]
aanwezig zijn (ww)	присутствовать (нсв, нпх)	[prisútstvovatʲ]
absent zijn (ww)	отсутствовать (нсв, нпх)	[otsútstvovatʲ]
school verzuimen	пропускать уроки	[propuskátʲ uróki]
bestraffen (een stout kind ~)	наказывать (нсв, пх)	[nakázivatʲ]
bestraffing (de)	наказание (с)	[nakazánie]

gedrag (het)	поведение (с)	[povedénie]
cijferlijst (de)	дневник (м)	[dnevník]
potlood (het)	карандаш (м)	[karandáʃ]
gom (de)	ластик (м)	[lástik]
krijt (het)	мел (м)	[mél]
pennendoos (de)	пенал (м)	[penál]

boekentas (de)	портфель (м)	[portfélʲ]
pen (de)	ручка (ж)	[rútʃka]
schrift (de)	тетрадь (ж)	[tetrátʲ]
leerboek (het)	учебник (м)	[utʃébnik]
passer (de)	циркуль (м)	[tsĩrkulʲ]

| technisch tekenen (ww) | чертить (нсв, пх) | [tʃertítʲ] |
| technische tekening (de) | чертёж (м) | [tʃertǿʃ] |

gedicht (het)	стихотворение (с)	[stihotvorénie]
van buiten (bw)	наизусть	[naizústʲ]
van buiten leren	учить наизусть	[utʃítʲ naizústʲ]

vakantie (de)	каникулы (мн)	[kaníkuli]
met vakantie zijn	быть на каникулах	[bĩtʲ na kaníkulah]
vakantie doorbrengen	провести каникулы	[provestí kaníkuli]

toets (schriftelijke ~)	контрольная работа (ж)	[kontrólʲnaja rabóta]
opstel (het)	сочинение (с)	[sotʃinénie]
dictee (het)	диктант (м)	[diktánt]
examen (het)	экзамен (м)	[ɛkzámen]
examen afleggen	сдавать экзамены	[zdavátʲ ɛkzámeni]
experiment (het)	опыт (м)	[ópit]

118. Hogeschool. Universiteit

academie (de)	академия (ж)	[akadémija]
universiteit (de)	университет (м)	[universitét]
faculteit (de)	факультет (м)	[fakulʲtét]

student (de)	студент (м)	[studént]
studente (de)	студентка (ж)	[studéntka]
leraar (de)	преподаватель (м)	[prepodavátelʲ]

| collegezaal (de) | аудитория (ж) | [auditórija] |
| afgestudeerde (de) | выпускник (м) | [vipuskník] |

| diploma (het) | диплом (м) | [diplóm] |
| dissertatie (de) | диссертация (ж) | [disertátsija] |

| onderzoek (het) | исследование (с) | [islédovanie] |
| laboratorium (het) | лаборатория (ж) | [laboratórija] |

college (het)	лекция (ж)	[léktsija]
medestudent (de)	однокурсник (м)	[odnokúrsnik]
studiebeurs (de)	стипендия (ж)	[stipéndija]
academische graad (de)	учёная степень (ж)	[utʃónaja stépenʲ]

119. Wetenschappen. Disciplines

wiskunde (de)	математика (ж)	[matemátika]
algebra (de)	алгебра (ж)	[álgebra]
meetkunde (de)	геометрия (ж)	[geométrija]

astronomie (de)	астрономия (ж)	[astronómija]
biologie (de)	биология (ж)	[biológija]
geografie (de)	география (ж)	[geográfija]
geologie (de)	геология (ж)	[geológija]
geschiedenis (de)	история (ж)	[istórija]

geneeskunde (de)	медицина (ж)	[meditsĪna]
pedagogiek (de)	педагогика (ж)	[pedagógika]
rechten (mv.)	право (c)	[právo]

fysica, natuurkunde (de)	физика (ж)	[fízika]
scheikunde (de)	химия (ж)	[hímija]
filosofie (de)	философия (ж)	[filosófija]
psychologie (de)	психология (ж)	[psihológija]

120. Schrift. Spelling

grammatica (de)	грамматика (ж)	[gramátika]
vocabulaire (het)	лексика (ж)	[léksika]
fonetiek (de)	фонетика (ж)	[fonǽtika]

zelfstandig naamwoord (het)	существительное (c)	[suʃestvítelʲnoe]
bijvoeglijk naamwoord (het)	прилагательное (c)	[prilagátelʲnoe]
werkwoord (het)	глагол (м)	[glagól]
bijwoord (het)	наречие (c)	[narétʃie]

voornaamwoord (het)	местоимение (c)	[mestoiménie]
tussenwerpsel (het)	междометие (c)	[meʒdométie]
voorzetsel (het)	предлог (м)	[predlóg]

stam (de)	корень (м) слова	[kórenʲ slóva]
achtervoegsel (het)	окончание (c)	[okonʧánie]
voorvoegsel (het)	приставка (ж)	[pristáfka]
lettergreep (de)	слог (м)	[slóg]
achtervoegsel (het)	суффикс (м)	[súfiks]

| nadruk (de) | ударение (c) | [udarénie] |
| afkappingsteken (het) | апостроф (м) | [apóstrof] |

punt (de)	точка (ж)	[tótʃka]
komma (de/het)	запятая (ж)	[zapıtája]
puntkomma (de)	точка (ж) с запятой	[tótʃka s zapıtój]
dubbelpunt (de)	двоеточие (c)	[dvoetótʃie]
beletselteken (het)	многоточие (c)	[mnogotótʃie]

| vraagteken (het) | вопросительный знак (м) | [voprosítelʲnij znák] |
| uitroepteken (het) | восклицательный знак (м) | [vosklitsátelʲnij znák] |

aanhalingstekens (mv.)	кавычки (ж мн)	[kavîtʃki]
tussen aanhalingstekens (bw)	в кавычках	[f kavîtʃkah]
haakjes (mv.)	скобки (ж мн)	[skópki]
tussen haakjes (bw)	в скобках	[f skópkah]

streepje (het)	дефис (м)	[defís]
gedachtestreepje (het)	тире (с)	[tirǽ]
spatie	пробел (м)	[prɔbél]
(~ tussen twee woorden)		

| letter (de) | буква (ж) | [búkva] |
| hoofdletter (de) | большая буква (ж) | [bɔlʲʃája búkva] |

| klinker (de) | гласный звук (м) | [glásnij zvúk] |
| medeklinker (de) | согласный звук (м) | [sɔglásnij zvúk] |

zin (de)	предложение (с)	[predlɔʒǽnie]
onderwerp (het)	подлежащее (с)	[pɔdleʒáʃee]
gezegde (het)	сказуемое (с)	[skazúemɔe]

regel (in een tekst)	строка (ж)	[strɔká]
op een nieuwe regel (bw)	с новой строки	[s nóvɔj strɔkí]
alinea (de)	абзац (м)	[abzáts]

woord (het)	слово (с)	[slóvɔ]
woordgroep (de)	словосочетание (с)	[slɔvɔ·sɔtʃetánie]
uitdrukking (de)	выражение (с)	[viraʒǽnie]
synoniem (het)	синоним (м)	[sinónim]
antoniem (het)	антоним (м)	[antónim]

regel (de)	правило (с)	[právilɔ]
uitzondering (de)	исключение (с)	[isklʲutʃénie]
correct (bijv. ~e spelling)	верный	[vérnij]

vervoeging, conjugatie (de)	спряжение (с)	[sprɪʒǽnie]
verbuiging, declinatie (de)	склонение (с)	[sklɔnénie]
naamval (de)	падеж (м)	[padéʃ]
vraag (de)	вопрос (м)	[vɔprós]
onderstrepen (ww)	подчеркнуть (св, пх)	[pɔtʃerknútʲ]
stippellijn (de)	пунктир (м)	[punktír]

121. Vreemde talen

taal (de)	язык (м)	[jɪzîk]
vreemd (bn)	иностранный	[inɔstránnij]
vreemde taal (de)	иностранный язык (м)	[inɔstránnij jɪzîk]
leren (bijv. van buiten ~)	изучать (нсв, пх)	[izutʃátʲ]
studeren (Nederlands ~)	учить (нсв, пх)	[utʃítʲ]

lezen (ww)	читать (нсв, н/пх)	[tʃitátʲ]
spreken (ww)	говорить (нсв, н/пх)	[gɔvɔrítʲ]
begrijpen (ww)	понимать (нсв, пх)	[pɔnimátʲ]
schrijven (ww)	писать (нсв, пх)	[pisátʲ]
snel (bw)	быстро	[bîstrɔ]

| langzaam (bw) | медленно | [médlenɔ] |
| vloeiend (bw) | свободно | [svɔbódnɔ] |

regels (mv.)	правила (с мн)	[právila]
grammatica (de)	грамматика (ж)	[gramátika]
vocabulaire (het)	лексика (ж)	[léksika]
fonetiek (de)	фонетика (ж)	[fɔnǽtika]

leerboek (het)	учебник (м)	[utʃébnik]
woordenboek (het)	словарь (м)	[slɔvárʲ]
leerboek (het) voor zelfstudie	самоучитель (м)	[samɔutʃítelʲ]
taalgids (de)	разговорник (м)	[razgɔvórnik]

cassette (de)	кассета (ж)	[kaséta]
videocassette (de)	видеокассета (ж)	[vídeɔ·kaséta]
CD (de)	компакт-диск (м)	[kɔmpákt-dísk]
DVD (de)	DVD-диск (м)	[di·vi·dí dísk]

alfabet (het)	алфавит (м)	[alfavít]
spellen (ww)	говорить по буквам	[gɔvɔrítʲ pɔ búkvam]
uitspraak (de)	произношение (с)	[prɔiznɔʃǽnie]

accent (het)	акцент (м)	[aktsǽnt]
met een accent (bw)	с акцентом	[s aktsǽntɔm]
zonder accent (bw)	без акцента	[bez aktsǽnta]

| woord (het) | слово (с) | [slóvɔ] |
| betekenis (de) | смысл (м) | [smīsl] |

cursus (de)	курсы (мн)	[kúrsi]
zich inschrijven (ww)	записаться (св, возв)	[zapisátsa]
leraar (de)	преподаватель (м)	[prepɔdavátelʲ]

vertaling (een ~ maken)	перевод (м)	[perevód]
vertaling (tekst)	перевод (м)	[perevód]
vertaler (de)	переводчик (м)	[perevóttʃik]
tolk (de)	переводчик (м)	[perevóttʃik]

| polyglot (de) | полиглот (м) | [pɔliglót] |
| geheugen (het) | память (ж) | [pámɪtʲ] |

122. Sprookjesfiguren

Sinterklaas (de)	Санта Клаус (м)	[sánta kláus]
Assepoester (de)	Золушка (ж)	[zóluʃka]
zeemeermin (de)	русалка (ж)	[rusálka]
Neptunus (de)	Нептун (м)	[neptún]

magiër, tovenaar (de)	волшебник (м)	[vɔlʃǽbnik]
goede heks (de)	волшебница (ж)	[vɔlʃǽbnitsa]
magisch (bn)	волшебный	[vɔlʃǽbnij]
toverstokje (het)	волшебная палочка (ж)	[vɔlʃǽbnaja pálɔtʃka]
sprookje (het)	сказка (ж)	[skáska]
wonder (het)	чудо (с)	[tʃúdɔ]

| dwerg (de) | гном (м) | [gnóm] |
| veranderen in ... (anders worden) | превратиться в ... (св) | [prevratítsa f ...] |

geest (de)	привидение (c)	[prividénie]
spook (het)	призрак (м)	[prízrak]
monster (het)	чудовище (c)	[ʧudóviʃe]
draak (de)	дракон (м)	[drakón]
reus (de)	великан (м)	[velikán]

123. Dierenriem

Ram (de)	Овен (м)	[ɔven]
Stier (de)	Телец (м)	[teléts]
Tweelingen (mv.)	Близнецы (мн)	[bliznetsī]
Kreeft (de)	Рак (м)	[rák]
Leeuw (de)	Лев (м)	[léf]
Maagd (de)	Дева (ж)	[déva]

Weegschaal (de)	Весы (мн)	[vesī]
Schorpioen (de)	Скорпион (м)	[skɔrpión]
Boogschutter (de)	Стрелец (м)	[streléts]
Steenbok (de)	Козерог (м)	[kɔzeróg]
Waterman (de)	Водолей (м)	[vɔdɔléj]
Vissen (mv.)	Рыбы (мн)	[rībi]

karakter (het)	характер (м)	[harákter]
karaktertrekken (mv.)	черты (ж мн) характера	[ʧertī haráktera]
gedrag (het)	поведение (c)	[pɔvedénie]
waarzeggen (ww)	гадать (нсв, нпх)	[gadátʲ]
waarzegster (de)	гадалка (ж)	[gadálka]
horoscoop (de)	гороскоп (м)	[gɔrɔskóp]

Kunst

124. Theater

theater (het)	театр (м)	[teátr]
opera (de)	опера (ж)	[ópera]
operette (de)	оперетта (ж)	[operétta]
ballet (het)	балет (м)	[balét]

affiche (de/het)	афиша (ж)	[afíʃa]
theatergezelschap (het)	труппа (ж)	[trúpa]
tournee (de)	гастроли (мн)	[gastróli]
op tournee zijn	гастролировать (нсв, нпх)	[gastrolírovatʲ]
repeteren (ww)	репетировать (нсв, н/пх)	[repetírovatʲ]
repetitie (de)	репетиция (ж)	[repetítsija]
repertoire (het)	репертуар (м)	[repertuár]

voorstelling (de)	представление (с)	[pretstavlénie]
spektakel (het)	спектакль (м)	[spektáklʲ]
toneelstuk (het)	пьеса (ж)	[pjésa]

biljet (het)	билет (м)	[bilét]
kassa (de)	билетная касса (ж)	[bilétnaja kássa]
foyer (de)	холл (м)	[hól]
garderobe (de)	гардероб (м)	[garderób]
garderobe nummer (het)	номерок (м)	[nomerók]
verrekijker (de)	бинокль (м)	[binóklʲ]
plaatsaanwijzer (de)	контролёр (м)	[kontrolǿr]

parterre (de)	партер (м)	[partǽr]
balkon (het)	балкон (м)	[balkón]
gouden rang (de)	бельэтаж (м)	[beljetáʃ]
loge (de)	ложа (ж)	[lóʒa]
rij (de)	ряд (м)	[rʲád]
plaats (de)	место (с)	[mésto]

publiek (het)	публика (ж)	[públika]
kijker (de)	зритель (м)	[zrítelʲ]
klappen (ww)	хлопать (нсв, нпх)	[hlópatʲ]
applaus (het)	аплодисменты (мн)	[aplodisménti]
ovatie (de)	овации (+ мн)	[ovátsii]

toneel (op het ~ staan)	сцена (ж)	[stsǽna]
gordijn, doek (het)	занавес (м)	[zánaves]
toneeldecor (het)	декорация (ж)	[dekorátsija]
backstage (de)	кулисы (мн)	[kulísi]

scène (de)	сцена (ж)	[stsǽna]
bedrijf (het)	акт (м)	[ákt]
pauze (de)	антракт (м)	[antrákt]

125. Bioscoop

acteur (de)	актёр (м)	[aktǿr]
actrice (de)	актриса (ж)	[aktrísa]
bioscoop (de)	кино (с)	[kinó]
speelfilm (de)	кино, фильм (м)	[kinó], [fílʲm]
aflevering (de)	серия (ж)	[sérija]
detectivefilm (de)	детектив (м)	[dɛtɛktíf]
actiefilm (de)	боевик (м)	[bɔevík]
avonturenfilm (de)	приключенческий фильм (м)	[priklʲutʃéntʃeskij fílʲm]
sciencefictionfilm (de)	фантастический фильм (м)	[fantastítʃeskij fílʲm]
griezelfilm (de)	фильм (м) ужасов	[fílʲm úʒasɔf]
komedie (de)	кинокомедия (ж)	[kinɔ·kɔmédija]
melodrama (het)	мелодрама (ж)	[melɔdráma]
drama (het)	драма (ж)	[dráma]
speelfilm (de)	художественный фильм (м)	[hudóʒestvenʲij fílʲm]
documentaire (de)	документальный фильм (м)	[dɔkumentálʲnʲij fílʲm]
tekenfilm (de)	мультфильм (м)	[mulʲtfílʲm]
stomme film (de)	немое кино (с)	[nemóe kinó]
rol (de)	роль (ж)	[rólʲ]
hoofdrol (de)	главная роль (ж)	[glávnaja rólʲ]
spelen (ww)	играть (нсв, н/пх)	[igrátʲ]
filmster (de)	кинозвезда (ж)	[kinɔ·zvezdá]
bekend (bn)	известный	[izvésnʲij]
beroemd (bn)	знаменитый	[znamenítʲij]
populair (bn)	популярный	[pɔpulʲárnʲij]
scenario (het)	сценарий (м)	[stsɛnárij]
scenarioschrijver (de)	сценарист (м)	[stsɛnaríst]
regisseur (de)	режиссёр (м)	[reʒisǿr]
filmproducent (de)	продюсер (м)	[prɔdʲúsɛr]
assistent (de)	ассистент (м)	[asistént]
cameraman (de)	оператор (м)	[ɔperátɔr]
stuntman (de)	каскадёр (м)	[kaskadǿr]
stuntdubbel (de)	дублёр (м)	[dublǿr]
een film maken	снимать фильм	[snimátʲ fílʲm]
auditie (de)	пробы (мн)	[próbʲi]
opnamen (mv.)	съёмки (мн)	[sjómki]
filmploeg (de)	съёмочная группа (ж)	[sjómɔtʃnaja grúpa]
filmset (de)	съёмочная площадка (ж)	[sjómɔtʃnaja plɔʃátka]
filmcamera (de)	кинокамера (ж)	[kinɔ·kámera]
bioscoop (de)	кинотеатр (м)	[kinɔteátr]
scherm (het)	экран (м)	[ɛkrán]

een film vertonen	показывать фильм	[pokázivatʲ fílʲm]
geluidsspoor (de)	звуковая дорожка (ж)	[zvukovája doróʃka]
speciale effecten (mv.)	специальные эффекты (м мн)	[spetsiálʲnie ɛfékti]
ondertiteling (de)	субтитры (мн)	[suptítri]
voortiteling, aftiteling (de)	титры (мн)	[títri]
vertaling (de)	перевод (м)	[perevód]

126. Schilderij

kunst (de)	искусство (с)	[iskústvɔ]
schone kunsten (mv.)	изящные искусства (с мн)	[izʲáʃʲnie iskústva]
kunstgalerie (de)	арт-галерея (ж)	[art-galeréja]
kunsttentoonstelling (de)	выставка (ж) картин	[vīstafka kartín]

schilderkunst (de)	живопись (ж)	[ʒīvopisʲ]
grafiek (de)	графика (ж)	[gráfika]
abstracte kunst (de)	абстракционизм (м)	[abstraktsionízm]
impressionisme (het)	импрессионизм (м)	[impresionízm]

schilderij (het)	картина (ж)	[kartína]
tekening (de)	рисунок (м)	[risúnɔk]
poster (de)	постер (м)	[póstɛr]

illustratie (de)	иллюстрация (ж)	[ilʲustrátsija]
miniatuur (de)	миниатюра (ж)	[miniatʲúra]
kopie (de)	копия (ж)	[kópija]
reproductie (de)	репродукция (ж)	[reprodúktsija]

mozaïek (het)	мозаика (ж)	[mozáika]
gebrandschilderd glas (het)	витраж (м)	[vitráʃ]
fresco (het)	фреска (ж)	[fréska]
gravure (de)	гравюра (ж)	[gravʲúra]

buste (de)	бюст (м)	[bʲúst]
beeldhouwwerk (het)	скульптура (ж)	[skulʲptúra]
beeld (bronzen ~)	статуя (ж)	[státuja]
gips (het)	гипс (м)	[gíps]
gipsen (bn)	из гипса	[iz gípsa]

portret (het)	портрет (м)	[portrét]
zelfportret (het)	автопортрет (м)	[aftɔ·portrét]
landschap (het)	пейзаж (м)	[pejzáʃ]
stilleven (het)	натюрморт (м)	[natʲurmórt]
karikatuur (de)	карикатура (ж)	[karikatúra]
schets (de)	набросок (м)	[nabrósɔk]

verf (de)	краска (ж)	[kráska]
aquarel (de)	акварель (ж)	[akvarélʲ]
olieverf (de)	масло (с)	[máslɔ]
potlood (het)	карандаш (м)	[karandáʃ]
Oost-Indische inkt (de)	тушь (ж)	[túʃ]
houtskool (de)	уголь (м)	[úgɔlʲ]
tekenen (met krijt)	рисовать (нсв, н/пх)	[risɔvátʲ]

poseren (ww)	позировать (нсв, нпх)	[pɔzírɔvatʲ]
naaktmodel (man)	натурщик (м)	[natúrʃik]
naaktmodel (vrouw)	натурщица (ж)	[natúrʃitsa]

kunstenaar (de)	художник (м)	[hudóʒnik]
kunstwerk (het)	произведение (с)	[prɔizvedénie]
meesterwerk (het)	шедевр (м)	[ʃɛdǽvr]
studio, werkruimte (de)	мастерская (ж)	[masterskája]

schildersdoek (het)	холст (м)	[hólst]
schildersezel (de)	мольберт (м)	[mɔlʲbért]
palet (het)	палитра (ж)	[palítra]

lijst (een vergulde ~)	рама (ж)	[ráma]
restauratie (de)	реставрация (ж)	[restavrátsija]
restaureren (ww)	реставрировать (нсв, пх)	[restavrírɔvatʲ]

127. Literatuur & Poëzie

literatuur (de)	литература (ж)	[literatúra]
auteur (de)	автор (м)	[áftɔr]
pseudoniem (het)	псевдоним (м)	[psevdɔním]

boek (het)	книга (ж)	[kníga]
boekdeel (het)	том (м)	[tóm]
inhoudsopgave (de)	оглавление (с)	[ɔglavlénie]
pagina (de)	страница (ж)	[stranítsa]
hoofdpersoon (de)	главный герой (м)	[glávnij gerój]
handtekening (de)	автограф (м)	[aftógraf]

verhaal (het)	рассказ (м)	[raskás]
novelle (de)	повесть (ж)	[póvestʲ]
roman (de)	роман (м)	[rɔmán]
werk (literatuur)	сочинение (с)	[sɔʧinénie]
fabel (de)	басня (ж)	[básnʲa]
detectiveroman (de)	детектив (м)	[dɛtɛktíf]

gedicht (het)	стихотворение (с)	[stihɔtvɔrénie]
poëzie (de)	поэзия (ж)	[pɔǽzija]
epos (het)	поэма (ж)	[pɔǽma]
dichter (de)	поэт (м)	[pɔǽt]

fictie (de)	беллетристика (ж)	[beletrístika]
sciencefiction (de)	научная фантастика (ж)	[naúʧnaja fantástika]
avonturenroman (de)	приключения (ж)	[priklʲuʧénija]
opvoedkundige literatuur (de)	учебная литература (ж)	[uʧébnaja literatúra]
kinderliteratuur (de)	детская литература (ж)	[détskaja literatúra]

128. Circus

| circus (de/het) | цирк (м) | [tsīrk] |
| chapiteau circus (de/het) | цирк-шапито (м) | [tsīrk-ʃapitó] |

| programma (het) | програ́мма (ж) | [prɔgráma] |
| voorstelling (de) | представле́ние (с) | [pretstavlénie] |

| nummer (circus ~) | но́мер (m) | [nómer] |
| arena (de) | аре́на (ж) | [aréna] |

| pantomime (de) | пантоми́ма (ж) | [pantɔmíma] |
| clown (de) | кло́ун (м | [klóun] |

acrobaat (de)	акроба́т (м)	[akrɔbát]
acrobatiek (de)	акроба́тика (ж)	[akrɔbátika]
gymnast (de)	гимна́ст (м)	[gimnást]
gymnastiek (de)	гимна́стика (ж)	[gimnástika]
salto (de)	са́льто (с)	[sálʲtɔ]

sterke man (de)	атле́т (м)	[atlét]
temmer (de)	укроти́тель (м)	[ukrɔtítelʲ]
ruiter (de)	нае́здник (м)	[naéznik]
assistent (de)	ассисте́нт (м)	[asistént]

stunt (de)	трюк (м)	[trʲúk]
goocheltruc (de)	фо́кус (м)	[fókus]
goochelaar (de)	фо́кусник (м)	[fókusnik]

jongleur (de)	жонглёр (м)	[ʒɔnglǿr]
jongleren (ww)	жонгли́ровать (нсв, н/пх)	[ʒɔnglírovatʲ]
dierentrainer (de)	дрессиро́вщик (м)	[dresirófʃik]
dressuur (de)	дрессиро́вка (ж)	[dresirófka]
dresseren (ww)	дрессирова́ть (нсв, пх)	[dresirɔvátʲ]

129. Muziek. Popmuziek

muziek (de)	му́зыка (ж)	[múzɨka]
muzikant (de)	музыка́нт (м)	[muzɨkánt]
muziekinstrument (het)	музыка́льный инструме́нт (м)	[muzikálʲnɨj instrumént]
spelen (bijv. gitaar ~)	игра́ть на ... (нсв)	[igrátʲ na ...]

gitaar (de)	гита́ра (ж)	[gitára]
viool (de)	скри́пка (ж)	[skrípka]
cello (de)	виолонче́ль (ж)	[viɔlɔntʃélʲ]
contrabas (de)	контраба́с (м)	[kɔntrabás]
harp (de)	а́рфа (ж)	[árfa]

piano (de)	пиани́но (с)	[pianínɔ]
vleugel (de)	роя́ль (м)	[rɔjálʲ]
orgel (het)	орга́н (м)	[ɔrgán]

blaasinstrumenten (mv.)	духовы́е инструме́нты (м мн)	[duhɔvíe instruménti]
hobo (de)	гобо́й (м)	[gɔbój]
saxofoon (de)	саксофо́н (м)	[saksɔfón]
klarinet (de)	кларне́т (м)	[klarnét]
fluit (de)	фле́йта (ж)	[fléjta]

trompet (de)	труба (ж)	[trubá]
accordeon (de/het)	аккордеон (м)	[akɔrdeón]
trommel (de)	барабан (м)	[barabán]

duet (het)	дуэт (м)	[duǽt]
trio (het)	трио (с)	[tríɔ]
kwartet (het)	квартет (м)	[kvartét]
koor (het)	хор (м)	[hór]
orkest (het)	оркестр (м)	[ɔrkéstr]

popmuziek (de)	поп-музыка (ж)	[póp-múzɨka]
rockmuziek (de)	рок-музыка (ж)	[rók-múzɨka]
rockgroep (de)	рок-группа (ж)	[rɔk-grúpa]
jazz (de)	джаз (м)	[dʒás]

idool (het)	кумир (м)	[kumír]
bewonderaar (de)	поклонник (м)	[pɔklónnik]

concert (het)	концерт (м)	[kɔnʦǽrt]
symfonie (de)	симфония (ж)	[simfónija]
compositie (de)	сочинение (с)	[sɔtʃɨnénie]
componeren (muziek ~)	сочинить (св, пх)	[sɔtʃɨnítʲ]

zang (de)	пение (с)	[pénie]
lied (het)	песня (ж)	[pésnʲa]
melodie (de)	мелодия (ж)	[melódija]
ritme (het)	ритм (м)	[rítm]
blues (de)	блюз (м)	[blʲús]

bladmuziek (de)	ноты (ж мн)	[nótɨ]
dirigeerstok (baton)	палочка (ж)	[pálɔtʃka]
strijkstok (de)	смычок (м)	[smɨtʃók]
snaar (de)	струна (ж)	[struná]
koffer (de)	футляр (м)	[futlʲár]

Rusten. Entertainment. Reizen

130. Trip. Reizen

toerisme (het)	туризм (м)	[turízm]
toerist (de)	турист (м)	[turíst]
reis (de)	путешествие (c)	[putefǽstvie]
avontuur (het)	приключение (c)	[prikl'utfénie]
tocht (de)	поездка (ж)	[pɔéstka]
vakantie (de)	отпуск (м)	[ótpusk]
met vakantie zijn	быть в отпуске	[bɨt' v ótpuske]
rust (de)	отдых (м)	[ótdɨh]
trein (de)	поезд (м)	[póezd]
met de trein	поездом	[póezdɔm]
vliegtuig (het)	самолёт (м)	[samɔlɵt]
met het vliegtuig	самолётом	[samɔlɵtɔm]
met de auto	на автомобиле	[na aftɔmobíle]
per schip (bw)	на корабле	[na kɔrablé]
bagage (de)	багаж м)	[bagáʃ]
valies (de)	чемодан (м)	[tʃemɔdán]
bagagekarretje (het)	тележка (ж) для багажа	[teléʃka dl'a bagaʒá]
paspoort (het)	паспорт (м)	[páspɔrt]
visum (het)	виза (ж)	[víza]
kaartje (het)	билет (м)	[bilét]
vliegticket (het)	авиабилет (м)	[aviabilét]
reisgids (de)	путеводитель (м)	[putevɔdítel']
kaart (de)	карта (ж	[kárta]
gebied (landelijk ~)	местность (ж)	[mésnɔst']
plaats (de)	место (c	[méstɔ]
exotische bestemming (de)	экзотика (ж)	[ɛkzótika]
exotisch (bn)	экзотический	[ɛkzɔtítʃeskij]
verwonderlijk (bn)	удивительный	[udivítel'nij]
groep (de)	группа (ж)	[grúpa]
rondleiding (de)	экскурсия (ж)	[ɛkskúrsija]
gids (de)	экскурсовод (м)	[ɛkskursɔvód]

131. Hotel

hotel (het)	гостиница (ж)	[gostínitsa]
motel (het)	мотель (м	[mɔtǽl']
3-sterren	3 звезды	[trí zvezdɨ̃]

5-sterren	5 звёзд	[pʲátʲ zvǿzd]
overnachten (ww)	остановиться (св, возв)	[ɔstanɔvítsa]

kamer (de)	номер (м)	[nómer]
eenpersoonskamer (de)	одноместный номер (м)	[ɔdnɔ·mésnʲij nómer]
tweepersoonskamer (de)	двухместный номер (м)	[dvuh·mésnʲij nómer]
een kamer reserveren	бронировать номер	[brɔnírɔvatʲ nómer]

halfpension (het)	полупансион (м)	[pɔlu·pansión]
volpension (het)	полный пансион (м)	[pólnʲij pansión]

met badkamer	с ванной	[s vánnɔj]
met douche	с душем	[s dúʃɛm]
satelliet-tv (de)	спутниковое телевидение (с)	[spútnikɔvɔe televídenie]
airconditioner (de)	кондиционер (м)	[kɔnditsionér]
handdoek (de)	полотенце (с)	[pɔlɔténtse]
sleutel (de)	ключ (м)	[klʲútʃ]

administrateur (de)	администратор (м)	[administrátɔr]
kamermeisje (het)	горничная (ж)	[górnitʃnaja]
piccolo (de)	носильщик (м)	[nɔsílʲʃik]
portier (de)	портье (с)	[pɔrtjé]

restaurant (het)	ресторан (м)	[restɔrán]
bar (de)	бар (м)	[bár]
ontbijt (het)	завтрак (м)	[záftrak]
avondeten (het)	ужин (м)	[úʒin]
buffet (het)	шведский стол (м)	[ʃvétskij stól]

hal (de)	вестибюль (м)	[vestibʲúlʲ]
lift (de)	лифт (м)	[líft]

NIET STOREN	НЕ БЕСПОКОИТЬ	[ne bespɔkóitʲ]
VERBODEN TE ROKEN!	НЕ КУРИТЬ!	[ne kurítʲ]

132. Boeken. Lezen

boek (het)	книга (ж)	[kníga]
auteur (de)	автор (м)	[áftɔr]
schrijver (de)	писатель (м)	[pisátelʲ]
schrijven (een boek)	написать (св, пх)	[napisátʲ]

lezer (de)	читатель (м)	[tʃitátelʲ]
lezen (ww)	читать (нсв, н/пх)	[tʃitátʲ]
lezen (het)	чтение (с)	[tʃténie]

stil (~ lezen)	про себя	[prɔ sebʲá]
hardop (~ lezen)	вслух	[fslúh]

uitgeven (boek ~)	издавать (нсв, пх)	[izdavátʲ]
uitgeven (het)	издание (с)	[izdánie]
uitgever (de)	издатель (м)	[izdátelʲ]
uitgeverij (de)	издательство (с)	[izdátelʲstvɔ]

verschijnen (bijv. boek)	вы́йти (св, нпх)	[vī̄jti]
verschijnen (het)	вы́ход (м)	[vī̄hɔd]
oplage (de)	тира́ж (м)	[tiráʃ]

boekhandel (de)	кни́жный магази́н (м)	[kníʒnij magazín]
bibliotheek (de)	библиоте́ка (ж)	[bibliotéka]

novelle (de)	по́весть (ж)	[póvestʲ]
verhaal (het)	расска́з (м)	[raskás]
roman (de)	рома́н (м)	[rɔmán]
detectiveroman (de)	детекти́в (м)	[dɛtɛktíf]

memoires (mv.)	мемуа́ры (мн)	[memuári]
legende (de)	леге́нда (ж)	[legénda]
mythe (de)	миф (м)	[míf]

gedichten (mv.)	стихи́ (м мн)	[stihí]
autobiografie (de)	автобиогра́фия (ж)	[áftɔ·biográfija]
bloemlezing (de)	и́збранное (с)	[ízbrannɔe]
sciencefiction (de)	фанта́стика (ж)	[fantástika]

naam (de)	назва́ние (с)	[nazvánie]
inleiding (de)	введе́ние (с)	[vvedénie]
voorblad (het)	титу́льный лист (м)	[títulʲnij líst]

hoofdstuk (het)	глава́ (ж)	[glavá]
fragment (het)	отры́вок (м)	[ɔtrī̄vɔk]
episode (de)	эпизо́д (м)	[ɛpizód]

intrige (de)	сюже́т (м)	[sʲuʒǽt]
inhoud (de)	содержа́ние (с)	[sɔderʒánie]
inhoudsopgave (de)	оглавле́ние (с)	[ɔglavlénie]
hoofdpersonage (het)	гла́вный геро́й (м)	[glávnij gerój]

boekdeel (het)	том (м)	[tóm]
omslag (de/het)	обло́жка (ж)	[ɔblóʃka]
boekband (de)	переплёт (м)	[pereplǿt]
bladwijzer (de)	закла́дка (ж)	[zaklátka]

pagina (de)	страни́ца (ж)	[straníʦa]
bladeren (ww)	листа́ть (нсв, пх)	[listátʲ]
marges (mv.)	поля́ (ж)	[pɔlʲá]
annotatie (de)	поме́тка (ж)	[pɔmétka]
opmerking (de)	примеча́ние (с)	[primetʃánie]

tekst (de)	текст (м)	[tékst]
lettertype (het)	шрифт (м)	[ʃríft]
drukfout (de)	опеча́тка (ж)	[ɔpetʃátka]

vertaling (de)	перево́д (м)	[perevód]
vertalen (ww)	переводи́ть (нсв, пх)	[perevodítʲ]
origineel (het)	по́длинник (м)	[pódlinik]

beroemd (bn)	знамени́тый	[znamenítij]
onbekend (bn)	неизве́стный	[neizvésnij]
interessant (bn)	интере́сный	[interésnij]

bestseller (de)	бестселлер (м)	[bessǽler]
woordenboek (het)	словарь (м)	[slovárʲ]
leerboek (het)	учебник (м)	[utʃébnik]
encyclopedie (de)	энциклопедия (ж)	[ɛntsiklopédija]

133. Jacht. Vissen

jacht (de)	охота (ж)	[ohóta]
jagen (ww)	охотиться (нсв, возв)	[ohótitsa]
jager (de)	охотник (м)	[ohótnik]

schieten (ww)	стрелять (нсв, нпх)	[strelʲátʲ]
geweer (het)	ружьё (с)	[ruʒjǿ]
patroon (de)	патрон (м)	[patrón]
hagel (de)	дробь (ж)	[drópʲ]

val (de)	капкан (м)	[kapkán]
valstrik (de)	ловушка (ж)	[lovúʃka]
in de val trappen	попасться в капкан	[popástsa f kapkán]
een val zetten	ставить капкан	[stávitʲ kapkán]

stroper (de)	браконьер (м)	[brakonjér]
wild (het)	дичь (ж)	[dítʃʲ]
jachthond (de)	охотничья собака (ж)	[ohótnitʃja sobáka]
safari (de)	сафари (с)	[safári]
opgezet dier (het)	чучело (с)	[tʃútʃelo]

visser (de)	рыбак (м)	[ribák]
visvangst (de)	рыбалка (ж)	[ribálka]
vissen (ww)	ловить рыбу	[lovítʲ rïbu]

hengel (de)	удочка (ж)	[údotʃka]
vislijn (de)	леска (ж)	[léska]
haak (de)	крючок (м)	[krʲutʃók]

| dobber (de) | поплавок (м) | [poplavók] |
| aas (het) | наживка (ж) | [naʒïfka] |

| de hengel uitwerpen | забросить удочку | [zabrósitʲ údotʃku] |
| bijten (ov. de vissen) | клевать (нсв, нпх) | [klevátʲ] |

| vangst (de) | улов (м) | [ulóf] |
| wak (het) | прорубь (ж) | [prórupʲ] |

| net (het) | сеть (ж) | [sétʲ] |
| boot (de) | лодка (ж) | [lótka] |

vissen met netten	ловить сетью	[lovítʲ sétju]
het net uitwerpen	забрасывать сеть	[zabrásivatʲ sétʲ]
het net binnenhalen	вытаскивать сеть	[vïtáskivatʲ sétʲ]

walvisvangst (de)	китобой (м)	[kitobój]
walvisvaarder (de)	китобойное судно (с)	[kitobójnoe súdno]
harpoen (de)	гарпун (м)	[garpún]

134. Spellen. Biljart

biljart (het)	бильярд (м)	[biljárd]
biljartzaal (de)	бильярдная (ж)	[biljárdnaja]
biljartbal (de)	бильярдный шар (м)	[biljárdnij ʃár]

een bal in het gat jagen	загнать шар	[zagnátʲ ʃár]
keu (de)	кий (м)	[kíj]
gat (het)	луза (ж)	[lúza]

135. Spellen. Speelkaarten

ruiten (mv.)	бубны (мн)	[búbnʲ]
schoppen (mv.)	пики (мн)	[píki]
klaveren (mv.)	черви (мн)	[tʃérvi]
harten (mv.)	тресы (мн)	[tréfi]

aas (de)	туз (м)	[tús]
koning (de)	король (м)	[kɔrólʲ]
dame (de)	дама (ж)	[dáma]
boer (de)	валет (м)	[valét]

speelkaart (de)	игральная карта (ж)	[igrálʲnaja kárta]
kaarten (mv.)	карты (ж мн)	[kárti]
troef (de)	козырь (м)	[kózirʲ]
pak (het) kaarten	колода (ж)	[kɔlóda]

punt (bijv. vijftig ~en)	очко (с)	[ɔtʃkó]
uitdelen (kaarten ~)	сдавать (нсв, н/пх)	[zdavátʲ]
schudden (de kaarten ~)	тасовать (нсв, пх)	[tasɔvátʲ]
beurt (de)	ход (м)	[hód]
valsspeler (de)	шулер (м)	[ʃúler]

136. Rusten. Spellen. Diversen

wandelen (on.ww.)	гулять (нсв, нпх)	[gulʲátʲ]
wandeling (de)	прогулка (ж)	[prɔgúlka]
trip (per auto)	поездка (ж)	[pɔéstka]
avontuur (het)	приключение (с)	[priklʲutʃénie]
picknick (de)	пикник (м)	[pikník]

spel (het)	игра (+)	[igrá]
speler (de)	игрок (м)	[igrók]
partij (de)	партия (ж)	[pártija]

collectioneur (de)	коллекционер (м)	[kɔlektsiɔnér]
collectioneren (ww)	коллекционировать (нсв, пх)	[kɔlektsiɔnírovatʲ]
collectie (de)	коллекция (ж)	[kɔléktsija]

kruiswoordraadsel (het)	кроссворд (м)	[krɔsvórd]
hippodroom (de)	ипподром (м)	[ipɔdróm]

discotheek (de)	дискотека (ж)	[diskotéka]
sauna (de)	сауна (ж)	[sáuna]
loterij (de)	лотерея (ж)	[loteréja]

trektocht (kampeertocht)	поход (м)	[pohód]
kamp (het)	лагерь (м)	[lágeri]
tent (de)	палатка (ж)	[palátka]
kompas (het)	компас (м)	[kómpas]
rugzaktoerist (de)	турист (м)	[turíst]

bekijken (een film ~)	смотреть (нсв, нпх)	[smotréti]
kijker (televisie~)	телезритель (м)	[telezríteli]
televisie-uitzending (de)	телепередача (ж)	[tele·peredátʃa]

137. Fotografie

| fotocamera (de) | фотоаппарат (м) | [foto·aparát] |
| foto (de) | фото, фотография (ж) | [fóto], [fotográfija] |

fotograaf (de)	фотограф (м)	[fotógraf]
fotostudio (de)	фотостудия (ж)	[foto·stúdija]
fotoalbum (het)	фотоальбом (м)	[foto·alibóm]

lens (de), objectief (het)	объектив (м)	[objektíf]
telelens (de)	телеобъектив (м)	[tele·objektíf]
filter (de/het)	фильтр (м)	[fíliltr]
lens (de)	линза (ж)	[línza]

optiek (de)	оптика (ж)	[óptika]
diafragma (het)	диафрагма (ж)	[diafrágma]
belichtingstijd (de)	выдержка (ж)	[vῐderʃka]
zoeker (de)	видоискатель (м)	[vido·iskáteli]
digitale camera (de)	цифровая камера (ж)	[tsifrovája kámera]
statief (het)	штатив (м)	[ʃtatíf]
flits (de)	вспышка (ж)	[fspῐʃka]

fotograferen (ww)	фотографировать (нсв, пх)	[fotografírovati]
foto's maken	снимать (нсв, пх)	[snimáti]
zich laten fotograferen	фотографироваться (нсв, возв)	[fotografírovatsa]

focus (de)	фокус (м)	[fókus]
scherpstellen (ww)	наводить на резкость	[navodíti na réskosti]
scherp (bn)	резкий	[réskij]
scherpte (de)	резкость (ж)	[réskosti]

| contrast (het) | контраст (м) | [kontrást] |
| contrastrijk (bn) | контрастный | [kontrásnij] |

kiekje (het)	снимок (м)	[snímok]
negatief (het)	негатив (м)	[negatíf]
filmpje (het)	фотоплёнка (ж)	[foto·plёnka]
beeld (frame)	кадр (м)	[kádr]
afdrukken (foto's ~)	печатать (нсв, пх)	[petʃátati]

138. Strand. Zwemmen

strand (het)	пляж (м)	[pl'áʃ]
zand (het)	песок (м)	[pesók]
leeg (~ strand)	пустынный	[pustʲínnij]
bruine kleur (de)	загар (м)	[zagár]
zonnebaden (ww)	загорать (нсв, нпх)	[zagɔrátʲ]
gebruind (bn)	загорелый	[zagɔrélij]
zonnecrème (de)	крем (м) для загара	[krém dlʲa zagára]
bikini (de)	бикини (с)	[bikíni]
badpak (het)	купальник (м)	[kupálʲnik]
zwembroek (de)	плавки (мн)	[pláfki]
zwembad (het)	бассейн (м)	[basǽjn]
zwemmen (ww)	плавать (нсв, нпх)	[plávatʲ]
douche (de)	душ (м)	[dúʃ]
zich omkleden (ww)	переодеваться (нсв, возв)	[pereɔdevátsa]
handdoek (de)	полотенце (с)	[pɔlɔténtse]
boot (de)	лодка (ж)	[lótka]
motorboot (de)	катер (м)	[káter]
waterski's (mv.)	водные лыжи (мн)	[vódnie lˈʒi]
waterfiets (de)	водный велосипед (м)	[vódnij velɔsipéd]
surfen (het)	серфинг (м)	[sørfing]
surfer (de)	серфингист (м)	[serfingíst]
scuba, aqualong (de)	акваланг (м)	[akvaláng]
zwemvliezen (mv.)	ласты (ж мн)	[lásti]
duikmasker (het)	маска (ж)	[máska]
duiker (de)	ныряльщик (м)	[nirʲálʲʃik]
duiken (ww)	нырять (нсв, нпх)	[nirʲátʲ]
onder water (bw)	под водой	[pɔd vɔdój]
parasol (de)	зонт (м)	[zónt]
ligstoel (de)	шезлонг (м)	[ʃɛzlóng]
zonnebril (de)	очки (мн)	[ɔtʃkí]
luchtmatras (de/het)	плавательный матрац (м)	[plávatelʲnij matrás]
spelen (ww)	играть (нсв, нпх)	[igrátʲ]
gaan zwemmen (ww)	купаться (нсв, возв)	[kupátsa]
bal (de)	мяч (м)	[mʲátʃ]
opblazen (oppompen)	надувать (нсв, пх)	[naduvátʲ]
lucht-, opblaasbare (bn)	надувной	[naduvnój]
golf (hoge ~)	волна (ж)	[vɔlná]
boei (de)	буй (м)	[búj]
verdrinken (ww)	тонуть (нсв, нпх)	[tɔnútʲ]
redden (ww)	спасать (нсв, пх)	[spasátʲ]
reddingsvest (de)	спасательный жилет (м)	[spasátelʲnij ʒilét]
waarnemen (ww)	наблюдать (нсв, нпх)	[nablʲudátʲ]
redder (de)	спасатель (м)	[spasátelʲ]

TECHNISCHE APPARATUUR. VERVOER

Technische apparatuur

139. Computer

computer (de)	компьютер (м)	[kɔmpjútɛr]
laptop (de)	ноутбук (м)	[nɔutbúk]
aanzetten (ww)	включить (св, пх)	[fklʲutʃítʲ]
uitzetten (ww)	выключить (св, пх)	[vĩklʲutʃitʲ]
toetsenbord (het)	клавиатура (ж)	[klaviatúra]
toets (enter~)	клавиша (ж)	[kláviʃa]
muis (de)	мышь (ж)	[mĩʃ]
muismat (de)	коврик (м)	[kóvrik]
knopje (het)	кнопка (ж)	[knópka]
cursor (de)	курсор (м)	[kursór]
monitor (de)	монитор (м)	[mɔnitór]
scherm (het)	экран (м)	[ɛkrán]
harde schijf (de)	жёсткий диск (м)	[ʒóstkij dísk]
volume (het) van de harde schijf	объём (м) жёсткого диска	[ɔbjóm ʒóstkɔvɔ díska]
geheugen (het)	память (ж)	[pámɪtʲ]
RAM-geheugen (het)	оперативная память (ж)	[ɔperatívnaja pámɪtʲ]
bestand (het)	файл (м)	[fájl]
folder (de)	папка (ж)	[pápka]
openen (ww)	открыть (св, пх)	[ɔtkrĩtʲ]
sluiten (ww)	закрыть (св, пх)	[zakrĩtʲ]
opslaan (ww)	сохранить (св, пх)	[sɔhranítʲ]
verwijderen (wissen)	удалить (св, пх)	[udalítʲ]
kopiëren (ww)	скопировать (св, пх)	[skɔpírɔvatʲ]
sorteren (ww)	сортировать (нсв, пх)	[sɔrtirɔvátʲ]
overplaatsen (ww)	переписать (св, пх)	[perepisátʲ]
programma (het)	программа (ж)	[prɔgráma]
software (de)	программное обеспечение (с)	[prɔgrámnɔe ɔbespetʃénie]
programmeur (de)	программист (м)	[prɔgramíst]
programmeren (ww)	программировать (нсв, пх)	[prɔgramírɔvatʲ]
hacker (computerkraker)	хакер (м)	[háker]
wachtwoord (het)	пароль (м)	[parólʲ]
virus (het)	вирус (м)	[vírus]

ontdekken (virus ~)	обнаружить (св, пх)	[ɔbnarúʒitʲ]
byte (de)	байт (м)	[bájt]
megabyte (de)	мегабайт (м)	[megabájt]

| data (de) | данные (мн) | [dánnie] |
| databank (de) | база (ж) данных | [báza dánnih] |

kabel (USB-~, enz.)	кабель (м)	[kábelʲ]
afsluiten (ww)	отсоединить (св, пх)	[ɔtsɔedinítʲ]
aansluiten op (ww)	подсоединить (св, пх)	[pɔtsɔedinítʲ]

140. Internet. E-mail

internet (het)	интернет (м)	[intɛrnǽt]
browser (de)	браузер (м)	[bráuzer]
zoekmachine (de)	поисковый ресурс (м)	[pɔiskóvij resúrs]
internetprovider (de)	провайдер (м)	[prɔvájder]

webmaster (de)	веб-мастер (м)	[vɛb-máster]
website (de)	веб-сайт (м)	[vɛb-sájt]
webpagina (de)	веб-страница (ж)	[vɛb-straníʦa]

| adres (het) | адрес (м) | [ádres] |
| adresboek (het) | адресная книга (ж) | [ádresnaja kníga] |

postvak (het)	почтовый ящик (м)	[pɔʧtóvij jáʃʲik]
post (de)	почта (ж)	[póʧta]
vol (~ postvak)	переполненный	[perepólnenij]

bericht (het)	сообщение (с)	[sɔɔpʃénie]
binnenkomende berichten (mv.)	входящие сообщения (с мн)	[fhɔdʲáʃʲie sɔɔpʃénija]
uitgaande berichten (mv.)	исходящие сообщения (с мн)	[isxɔdʲáʃʲie sɔɔpʃénija]

verzender (de)	отправитель (м)	[ɔtpravítelʲ]
verzenden (ww)	отправить (св, пх)	[ɔtprávitʲ]
verzending (de)	отправка (ж)	[ɔtpráfka]

| ontvanger (de) | получатель (м) | [pɔluʧátelʲ] |
| ontvangen (ww) | получить (св, пх) | [pɔluʧítʲ] |

| correspondentie (de) | переписка (ж) | [perepíska] |
| corresponderen (met ...) | переписываться (нсв, возв) | [perepísivaʦa] |

bestand (het)	файл (м)	[fájl]
downloaden (ww)	скачать (сз, пх)	[skaʧátʲ]
creëren (ww)	создать (сз, пх)	[sɔzdátʲ]
verwijderen (een bestand ~)	удалить (св, пх)	[udalítʲ]
verwijderd (bn)	удалённый	[udalǿnnij]

verbinding (de)	связь (ж)	[svʲásʲ]
snelheid (de)	скорость (ж)	[skórɔstʲ]
modem (de)	модем (м)	[mɔdǽm]

| toegang (de) | доступ (м) | [dóstup] |
| poort (de) | порт (м) | [pórt] |

| aansluiting (de) | подключение (c) | [pɔtklʲutʃénie] |
| zich aansluiten (ww) | подключиться (св, возв) | [pɔtklʲutʃítsa] |

| selecteren (ww) | выбрать (св, пх) | [vĩbratʲ] |
| zoeken (ww) | искать ... (нсв, пх) | [iskátʲ ...] |

Vervoer

vliegtuig (het)	самолёт (м)	[samɔlǿt]
vliegticket (het)	авиабилет (м)	[aviabilét]
luchtvaartmaatschappij (de)	авиакомпания (ж)	[avia·kɔmpánija]
luchthaven (de)	аэропорт (м)	[aɛrɔpórt]
supersonisch (bn)	сверхзвуковой	[sverh·zvukɔvój]

gezagvoerder (de)	командир (м) корабля	[kɔmandír kɔrablʲá]
bemanning (de)	экипаж (м)	[ɛkipáʃ]
piloot (de)	пилот (м)	[pilót]
stewardess (de)	стюардесса (ж)	[stʲuardǽsa]
stuurman (de)	штурман (м)	[ʃtúrman]

vleugels (mv.)	крылья (с мн)	[krīlja]
staart (de)	хвост (м)	[hvóst]
cabine (de)	кабина (ж)	[kabína]
motor (de)	двигатель (м)	[dvígatelʲ]
landingsgestel (het)	шасси (с)	[ʃassí]
turbine (de)	турбина (ж)	[turbína]

propeller (de)	пропеллер (м)	[prɔpéller]
zwarte doos (de)	чёрный ящик (м)	[tʃórnij jáʃik]
stuur (het)	штурвал (м)	[ʃturvál]
brandstof (de)	горючее (с)	[gɔrʲútʃee]

veiligheidskaart (de)	инструкция по безопасности	[instrúktsija pɔ bezɔpásnɔsti]
zuurstofmasker (het)	кислородная маска (ж)	[kislɔródnaja máska]
uniform (het)	униформа (ж)	[unifórma]
reddingsvest (de)	спасательный жилет (м)	[spasátelʲnij ʒilét]
parachute (de)	парашют (м)	[paraʃút]

opstijgen (het)	взлёт (м)	[vzlǿt]
opstijgen (ww)	взлетать (нсв, нпх)	[vzletátʲ]
startbaan (de)	взлётная полоса (ж)	[vzlǿtnaja pɔlasá]

zicht (het)	видимость (ж)	[vídimɔstʲ]
vlucht (de)	полёт (м)	[pɔlǿt]

hoogte (de)	высота (ж)	[visɔtá]
luchtzak (de)	воздушная яма (ж)	[vɔzdúʃnaja jáma]

plaats (de)	место (с)	[méstɔ]
koptelefoon (de)	наушники (м мн)	[naúʃniki]
tafeltje (het)	откидной столик (м)	[ɔtkidnój stólik]
venster (het)	иллюминатор (м)	[ilʲuminátɔr]
gangpad (het)	проход (м)	[prɔhód]

142. Trein

trein (de)	поезд (м)	[póezd]
elektrische trein (de)	электричка (ж)	[ɛlektrítʃka]
sneltrein (de)	скорый поезд (м)	[skórij póezd]
diesellocomotief (de)	тепловоз (м)	[teplɔvós]
stoomlocomotief (de)	паровоз (м)	[parɔvós]

| rijtuig (het) | вагон (м) | [vagón] |
| restauratierijtuig (het) | вагон-ресторан (м) | [vagón-restɔrán] |

rails (mv.)	рельсы (мн)	[rélʲsi]
spoorweg (de)	железная дорога (ж)	[ʒeléznaja dɔróga]
dwarsligger (de)	шпала (ж)	[ʃpála]

perron (het)	платформа (ж)	[platfórma]
spoor (het)	путь (м)	[pútʲ]
semafoor (de)	семафор (м)	[semafór]
halte (bijv. kleine treinhalte)	станция (ж)	[stántsija]

machinist (de)	машинист (м)	[maʃiníst]
kruier (de)	носильщик (м)	[nɔsílʲʃik]
conducteur (de)	проводник (м)	[prɔvɔdník]
passagier (de)	пассажир (м)	[pasaʒír]
controleur (de)	контролёр (м)	[kɔntrɔlǿr]

gang (in een trein)	коридор (м)	[kɔridór]
noodrem (de)	стоп-кран (м)	[stɔp-krán]
coupé (de)	купе (с)	[kupǽ]
bed (slaapplaats)	полка (ж)	[pólka]
bovenste bed (het)	верхняя полка (ж)	[vérhnʲaja pólka]
onderste bed (het)	нижняя полка (ж)	[níʒnʲaja pólka]
beddengoed (het)	постельное бельё (с)	[pɔstélʲnɔe beljǿ]

kaartje (het)	билет (м)	[bilét]
dienstregeling (de)	расписание (с)	[raspisánie]
informatiebord (het)	табло (с)	[tabló]

vertrekken (De trein vertrekt ...)	отходить (нсв, нпх)	[ɔtxɔdítʲ]
vertrek (ov. een trein)	отправление (с)	[ɔtpravlénie]
aankomen (ov. de treinen)	прибывать (нсв, нпх)	[pribivátʲ]
aankomst (de)	прибытие (с)	[pribītie]

aankomen per trein	приехать поездом	[priéhatʲ póezdɔm]
in de trein stappen	сесть на поезд	[séstʲ na póezd]
uit de trein stappen	сойти с поезда	[sɔjtí s póezda]

| treinwrak (het) | крушение (с) | [kruʃǽnie] |
| ontspoord zijn | сойти с рельс | [sɔjtí s rélʲs] |

stoomlocomotief (de)	паровоз (м)	[parɔvós]
stoker (de)	кочегар (м)	[kɔtʃegár]
stookplaats (de)	топка (ж)	[tópka]
steenkool (de)	уголь (м)	[úgɔlʲ]

143. Schip

schip (het)	корабль (м)	[koráblʲ]
vaartuig (het)	судно (с)	[súdnɔ]
stoomboot (de)	пароход (м)	[parɔhód]
motorschip (het)	теплоход (м)	[teplɔhód]
lijnschip (het)	лайнер (м)	[lájner]
kruiser (de)	крейсер (м)	[kréjser]
jacht (het)	яхта (ж)	[jáhta]
sleepboot (de)	буксир (м)	[buksír]
duwbak (de)	баржа (ж)	[barʒá]
ferryboot (de)	паром (м)	[paróm]
zeilboot (de)	парусник (м)	[párusnik]
brigantijn (de)	бригантина (ж)	[brigantína]
ijsbreker (de)	ледокол (м)	[ledɔkól]
duikboot (de)	подводная лодка (ж)	[pɔdvódnaja lótka]
boot (de)	лодка (ж)	[lótka]
sloep (de)	шлюпка (ж)	[ʃlʲúpka]
reddingssloep (de)	спасательная шлюпка (ж)	[spasátelʲnaja ʃlʲúpka]
motorboot (de)	катер (м)	[káter]
kapitein (de)	капитан (м)	[kapitán]
zeeman (de)	матрос (м)	[matrós]
matroos (de)	моряк (м)	[mɔrʲák]
bemanning (de)	экипаж (м)	[ɛkipáʃ]
bootsman (de)	боцман (м)	[bótsman]
scheepsjongen (de)	юнга (м)	[júnga]
kok (de)	кок (м)	[kók]
scheepsarts (de)	судовой врач (м)	[sudɔvój vrátʃ]
dek (het)	палуба (ж)	[páluba]
mast (de)	мачта (ж)	[mátʃta]
zeil (het)	парус (м)	[párus]
ruim (het)	трюм (м)	[trʲúm]
voorsteven (de)	нос (м)	[nós]
achtersteven (de)	корма (ж)	[kɔrmá]
roeispaan (de)	весло (с)	[vesló]
schroef (de)	винт (м)	[vínt]
kajuit (de)	каюта (ж)	[kajúta]
officierskamer (de)	кают-компания (ж)	[kajút-kɔmpánija]
machinekamer (de)	машинное отделение (с)	[maʃínnɔe ɔtdelénie]
brug (de)	капитанский мостик (м)	[kapitánskij móstik]
radiokamer (de)	радиорубка (ж)	[radiɔ·rúpka]
radiogolf (de)	волна (ж)	[vɔlná]
logboek (het)	судовой журнал (м)	[sudɔvój ʒurnál]
verrekijker (de)	подзорная труба (ж)	[pɔdzórnaja trubá]
klok (de)	колокол (м)	[kólɔkɔl]

vlag (de)	флаг (м)	[flág]
kabel (de)	канат (м)	[kanát]
knoop (de)	узел (м)	[úzel]

| leuning (de) | поручень (м) | [pórutʃenʲ] |
| trap (de) | трап (м) | [tráp] |

anker (het)	якорь (м)	[jákɔrʲ]
het anker lichten	поднять якорь	[pɔdnʲátʲ jákɔrʲ]
het anker neerlaten	бросить якорь	[brósitʲ jákɔrʲ]
ankerketting (de)	якорная цепь (ж)	[jákɔrnaja tsæpʲ]

haven (bijv. containerhaven)	порт (м)	[pórt]
kaai (de)	причал (м)	[pritʃál]
aanleggen (ww)	причаливать (нсв, нпх)	[pritʃálivatʲ]
wegvaren (ww)	отчаливать (нсв, нпх)	[ɔtʃálivatʲ]

reis (de)	путешествие (с)	[puteʃǽstvie]
cruise (de)	круиз (м)	[kruís]
koers (de)	курс (м)	[kúrs]
route (de)	маршрут (м)	[marʃrút]

vaarwater (het)	фарватер (м)	[farvátɛr]
zandbank (de)	мель (ж)	[mélʲ]
stranden (ww)	сесть на мель	[séstʲ na mélʲ]

storm (de)	буря (ж)	[búrʲa]
signaal (het)	сигнал (м)	[signál]
zinken (ov. een boot)	тонуть (нсв, нпх)	[tɔnútʲ]
Man overboord!	Человек за бортом!	[tʃelɔvék za bórtɔm]
SOS (noodsignaal)	SOS (м)	[sós]
reddingsboei (de)	спасательный круг (м)	[spasátelʲnij krúg]

144. Vliegveld

luchthaven (de)	аэропорт (м)	[aɛrɔpórt]
vliegtuig (het)	самолёт (м)	[samɔlǿt]
luchtvaartmaatschappij (de)	авиакомпания (ж)	[avia·kɔmpánija]
luchtverkeersleider (de)	авиадиспетчер (м)	[avia·dispétʃer]

vertrek (het)	вылет (м)	[vīlet]
aankomst (de)	прилёт (м)	[prilǿt]
aankomen (per vliegtuig)	прилететь (св, нпх)	[priletétʲ]

| vertrektijd (de) | время (с) вылета | [vrémʲa vīleta] |
| aankomstuur (het) | время (с) прилёта | [vrémʲa prilǿta] |

| vertraagd zijn (ww) | задерживаться (нсв, возв) | [zadérʒivatsa] |
| vluchtvertraging (de) | задержка (ж) вылета | [zadérʃka vīleta] |

informatiebord (het)	информационное табло (с)	[infɔrmatsiónnɔe tabló]
informatie (de)	информация (ж)	[infɔrmátsija]
aankondigen (ww)	объявлять (нсв, пх)	[ɔbjɪvlʲátʲ]
vlucht (bijv. KLM ~)	рейс (м)	[réjs]

| douane (de) | таможня (ж) | [tamóʒnʲa] |
| douanier (de) | таможенник (м) | [tamóʒenik] |

douaneaangifte (de)	декларация (ж)	[deklarátsija]
invullen (douaneaangifte ~)	заполнить (св, пх)	[zapólnitʲ]
een douaneaangifte invullen	заполнить декларацию	[zapólnitʲ deklarátsiju]
paspoortcontrole (de)	паспортный контроль (м)	[pásportnij kontrólʲ]

bagage (de)	багаж (м)	[bagáʃ]
handbagage (de)	ручная кладь (ж)	[rutʃnája klátʲ]
bagagekarretje (het)	тележка (ж) для багажа	[teléʃka dlʲa bagaʒá]

landing (de)	посадка (ж)	[posátka]
landingsbaan (de)	посадочная полоса (ж)	[posádotʃnaja polosá]
landen (ww)	садиться (нсв, возв)	[sadítsa]
vliegtuigtrap (de)	трап (м)	[tráp]

inchecken (het)	регистрация (ж)	[registrátsija]
incheckbalie (de)	стойка (ж) регистрации	[stójka registrátsii]
inchecken (ww)	зарегистрироваться (св, возв)	[zaregistrírovatsa]

| instapkaart (de) | посадочный талон (м) | [posádotʃnij talón] |
| gate (de) | выход (м) | [víhod] |

transit (de)	транзит (м)	[tranzít]
wachten (ww)	ждать (нсв, пх)	[ʒdátʲ]
wachtzaal (de)	зал (м) ожидания	[zál oʒidánija]
begeleiden (uitwuiven)	провожать (нсв, пх)	[provoʒátʲ]
afscheid nemen (ww)	прощаться (нсв, возв)	[proʃátsa]

145. Fiets. Motorfiets

fiets (de)	велосипед (м)	[velosipéd]
bromfiets (de)	мотороллер (м)	[motoróler]
motorfiets (de)	мотоцикл (м)	[mototsíkl]

met de fiets rijden	ехать на велосипеде	[éhatʲ na velosipéde]
stuur (het)	руль (м)	[rúlʲ]
pedaal (de/het)	педаль (ж)	[pedálʲ]
remmen (mv.)	тормоза (м мн)	[tormozá]
fietszadel (de/het)	седло (с)	[sedló]

pomp (de)	насос (м)	[nasós]
bagagedrager (de)	багажник (м)	[bagáʒnik]
fietslicht (het)	фонарь (м)	[fonárʲ]
helm (de)	шлем (м)	[ʃlém]

wiel (het)	колесо (с)	[kolesó]
spatbord (het)	крыло (с)	[kriló]
velg (de)	обод (м)	[óbod]
spaak (de)	спица (ж)	[spítsa]

Auto's

auto (de)	автомобиль (м)	[aftɔmɔbílʲ]
sportauto (de)	спортивный автомобиль (м)	[spɔrtívnij aftɔmɔbílʲ]
limousine (de)	лимузин (м)	[limuzín]
terreinwagen (de)	внедорожник (м)	[vnedɔróʒnik]
cabriolet (de)	кабриолет (м)	[kabriɔlét]
minibus (de)	микроавтобус (м)	[mikrɔ·aftóbus]
ambulance (de)	скорая помощь (ж)	[skóraja pómɔʃ]
sneeuwruimer (de)	снегоуборочная машина (ж)	[snegɔ·ubórɔʧnaja maʃina]
vrachtwagen (de)	грузовик (м)	[gruzɔvík]
tankwagen (de)	бензовоз (м)	[benzɔvós]
bestelwagen (de)	фургон (м)	[furgón]
trekker (de)	тягач (м)	[tɪgáʧ]
aanhangwagen (de)	прицеп (м)	[pritsǽp]
comfortabel (bn)	комфортабельный	[kɔmfɔrtábelʲnij]
tweedehands (bn)	подержанный	[pɔdérʒenij]

motorkap (de)	капот (м)	[kapót]
spatbord (het)	крыло (с)	[kriłó]
dak (het)	крыша (ж)	[kríʃa]
voorruit (de)	ветровое стекло (с)	[vetrɔvóe stekló]
achterruit (de)	зеркало (с) заднего вида	[zérkalɔ zádnevɔ vída]
ruitensproeier (de)	омыватель (м)	[ɔmivátelʲ]
wisserbladen (mv.)	дворники (мн)	[dvórniki]
zijruit (de)	боковое стекло (с)	[bɔkɔvóe stekló]
raamlift (de)	стеклоподъёмник (м)	[steklɔ·pɔdjómnik]
antenne (de)	антенна (ж)	[antǽna]
zonnedak (het)	люк (м)	[lʲúk]
bumper (de)	бампер (м)	[bámper]
koffer (de)	багажник (м)	[bagáʒnik]
imperiaal (de/het)	багажник (м)	[bagáʒnik]
portier (het)	дверца (ж)	[dvértsa]
handvat (het)	ручка (ж)	[rútʃka]
slot (het)	замок (м)	[zámɔk]

nummerplaat (de)	нсмер (м)	[nómer]
knalpot (de)	глушитель (м)	[gluʃtelʲ]
benzinetank (de)	бензобак (м)	[benzobák]
uitlaatpijp (de)	выхлопная труба (ж)	[vihlopnája trubá]

gas (het)	газ (м)	[gás]
pedaal (de/het)	педаль (ж)	[pedálʲ]
gaspedaal (de/het)	педаль (ж) газа	[pedálʲ gáza]

rem (de)	тормоз (м)	[tórmos]
rempedaal (de/het)	педаль (ж) тормоза	[pedálʲ tórmoza]
remmen (ww)	тормозить (нсв, нпх)	[tormozítʲ]
handrem (de)	стояночный тормоз (м)	[stojánotʃnij tórmos]

koppeling (de)	сцепление (с)	[stsɛplénie]
koppelingspedaal (de/het)	педаль (ж) сцепления	[pedálʲ stsɛplénija]
koppelingsschijf (de)	диск (м) сцепления	[dísk stsɛplénija]
schokdemper (de)	амортизатор (м)	[amortizátor]

wiel (het)	колесо (с)	[kolesó]
reservewiel (het)	запасное колесо (с)	[zapasnóe kolesó]
wieldop (de)	колпак (м)	[kolpák]

aandrijfwielen (mv.)	ведущие колёса (с мн)	[vedúʃie kolǿsa]
met voorwielaandrijving	переднеприводный	[perédne·prívodnij]
met achterwielaandrijving	заднеприводный	[zádne·prívodnij]
met vierwielaandrijving	полноприводный	[pólno·prívodnij]

versnellingsbak (de)	коробка (ж) передач	[korópka peredátʃ]
automatisch (bn)	автоматическая	[aftomatítʃeskaja]
mechanisch (bn)	механическая	[mehanítʃeskaja]
versnellingspook (de)	рычаг (м) коробки передач	[ritʃág korópki peredátʃ]

voorlicht (het)	фара (ж)	[fára]
voorlichten (mv.)	фары (ж мн)	[fári]

dimlicht (het)	ближний свет (м)	[blíʒnij svet]
grootlicht (het)	дальний свет (м)	[dálʲnij svet]
stoplicht (het)	стоп-сигнал (м)	[stóp-signál]

standlichten (mv.)	габаритные огни (мн)	[gabarítnie ogní]
noodverlichting (de)	аварийные огни (мн)	[avaríjnie ogní]
mistlichten (mv.)	противотуманные фары (ж мн)	[prótivo·tumánnie fári]

pinker (de)	поворотник (м)	[povorótnik]
achteruitrijdlicht (het)	задний ход (м)	[zádnij hód]

148. Auto's. Passagiersruimte

interieur (het)	салон (м)	[salón]
leren (van leer gemaak)	кожаный	[kóʒanij]
fluwelen (abn)	велюровый	[velʲúrovij]
bekleding (de)	обивка (ж)	[obífka]
toestel (het)	прибор (м)	[pribór]

instrumentenbord (het)	приборный щиток (м)	[pribórnij ʃitók]
snelheidsmeter (de)	спидометр (м)	[spidómetr]
pijltje (het)	стрелка (ж)	[strélka]

kilometerteller (de)	счётчик (м)	[ʃóttʃik]
sensor (de)	датчик (м)	[dáttʃik]
niveau (het)	уровень (м)	[úrɔvenʲ]
controlelampje (het)	лампочка (ж)	[lámpɔtʃka]

stuur (het)	руль (м)	[rúlʲ]
toeter (de)	сигнал (м)	[signál]
knopje (het)	кнопка (ж)	[knópka]
schakelaar (de)	переключатель (м)	[pereklʲutʃátelʲ]

stoel (bestuurders~)	сиденье (c)	[sidénje]
rugleuning (de)	спинка (ж)	[spínka]
hoofdsteun (de)	подголовник (м)	[pɔdgɔlóvnik]
veiligheidsgordel (de)	ремень (м) безопасности	[reménʲ bezɔpásnɔsti]
de gordel aandoen	пристегнуть ремень	[pristegnútʲ reménʲ]
regeling (de)	регулировка (ж)	[regulirófka]

| airbag (de) | воздушная подушка (ж) | [vɔzdúʃnaja pɔdúʃka] |
| airconditioner (de) | кондиционер (м) | [kɔnditsiɔnér] |

radio (de)	радио (c)	[rádiɔ]
CD-speler (de)	CD-проигрыватель (м)	[si·dí-prɔígrivatelʲ]
aanzetten (bijv. radio ~)	включить (cв, пх)	[fklʲutʃítʲ]
antenne (de)	антенна (ж)	[antǽna]
handschoenenkastje (het)	бардачок (м)	[bardatʃók]
asbak (de)	пепельница (ж)	[pépelʲnitsa]

149. Auto's. Motor

| diesel- (abn) | дизельный | [dízelʲnij] |
| benzine- (~motor) | бензиновый | [benzínɔvij] |

motorinhoud (de)	объём (м) двигателя	[ɔbjóm dvígatelʲa]
vermogen (het)	мощность (ж)	[móʃnɔstʲ]
paardenkracht (de)	лошадиная сила (ж)	[lɔʃidínaja síla]
zuiger (de)	поршень (м)	[pórʃɛnʲ]
cilinder (de)	цилиндр (м)	[tsilíndr]
klep (de)	клапан (м)	[klápan]

injectie (de)	инжектор (м)	[inʒǽktɔr]
generator (de)	генератор (м)	[generátɔr]
carburator (de)	карбюратор (м)	[karbʲurátɔr]
motorolie (de)	моторное масло (c)	[mɔtórnɔe máslɔ]

| radiator (de) | радиатор (м) | [radiátɔr] |
| koelvloeistof (de) | охлаждающая жидкость (ж) | [ɔhlaʒdájuʃaja ʒītkɔstʲ] |

ventilator (de)	вентилятор (м)	[ventilʲátɔr]
accu (de)	аккумулятор (м)	[akumulʲátɔr]
starter (de)	стартер (м)	[stárter]

| contact (ontsteking) | зажигание (c) | [zaʒigánie] |
| bougie (de) | свеча (ж) зажигания | [svetʃá zaʒigánija] |

pool (de)	клемма (ж)	[klémma]
positieve pool (de)	плюс (м)	[plʲús]
negatieve pool (de)	минус (м)	[mínus]
zekering (de)	предохранитель (м)	[predɔhranítelʲ]

luchtfilter (de)	воздушный фильтр (м)	[vɔzdúʃnij fílʲtr]
oliefilter (de)	масляный фильтр (м)	[máslɪnij fílʲtr]
benzinefilter (de)	топливный фильтр (м)	[tóplivnij fílʲtr]

150. Auto's. Botsing. Reparatie

auto-ongeval (het)	авария (ж)	[avárija]
verkeersongeluk (het)	дорожное происшествие (c)	[dɔróʒnɔe prɔiʃǽstvie]
aanrijden (tegen een boom, enz.)	врезаться (нсв, возв)	[vrézatsa]
verongelukken (ww)	разбиться (св, возв)	[razbítsa]
beschadiging (de)	повреждение (c)	[pɔvreʒdénie]
heelhuids (bn)	целый	[tsǽlij]

pech (de)	поломка (ж)	[pɔlómka]
kapot gaan (zijn gebroken)	сломаться (св, возв)	[slɔmátsa]
sleeptouw (het)	буксировочный трос (м)	[buksiróvɔtʃnij trós]

lek (het)	прокол (м)	[prɔkól]
lekke krijgen (band)	спустить (св, нпх)	[spustítʲ]
oppompen (ww)	накачивать (нсв, пх)	[nakátʃivatʲ]
druk (de)	давление (c)	[davlénie]
checken (ww)	проверить (св, пх)	[prɔvéritʲ]

reparatie (de)	ремонт м)	[remónt]
garage (de)	автосервис (м)	[aftɔ·sǽrvis]
wisselstuk (het)	запчасть (ж)	[zaptʃástʲ]
onderdeel (het)	деталь (ж)	[detálʲ]

bout (de)	болт (м)	[bólt]
schroef (de)	винт (м)	[vínt]
moer (de)	гайка (ж)	[gájka]
sluitring (de)	шайба (ж)	[ʃájba]
kogellager (de/het)	подшипник (м)	[pɔdʃípnik]

pijp (de)	трубка (ж)	[trúpka]
pakking (de)	прокладка (ж)	[prɔklátka]
kabel (de)	провод (м)	[próvɔd]

dommekracht (de)	домкрат (м)	[dɔmkrát]
moersleutel (de)	гаечный ключ (м)	[gáetʃnij klʲútʃ]
hamer (de)	молоток (м)	[mɔlɔtók]
pomp (de)	насос (м)	[nasós]
schroevendraaier (de)	отвёртка (ж)	[ɔtvʲórtka]
brandblusser (de)	огнетушитель (м)	[ɔgnetuʃítelʲ]

gevarendriehoek (de)	аварийный треугольник (м)	[avaríjnij treugólʲnik]
afslaan (ophouden te werken)	глохнуть (нсв, нпх)	[glóhnutʲ]
uitvallen (het)	остановка (ж)	[ɔstanófka]
zijn gebroken	быть сломанным	[bɨ̈tʲ slómannim]

oververhitten (ww)	перегреться (св, возв)	[peregrétsa]
verstopt raken (ww)	засориться (св, возв)	[zasɔrítsa]
bevriezen (autodeur, enz.)	замёрзнуть (св, нпх)	[zamǿrznutʲ]
barsten (leidingen, enz.)	лопнуть (св, нпх)	[lópnutʲ]

druk (de)	давление (с)	[davlénie]
niveau (bijv. olieniveau)	уровень (м)	[úrɔvenʲ]
slap (de drijfriem is ~)	слабый	[slábij]

deuk (de)	вмятина (ж)	[vmʲátina]
geklop (vreemde geluiden)	стук (м)	[stúk]
barst (de)	трещина (ж)	[tréʃʲina]
kras (de)	царапина (ж)	[ʦarápina]

151. Auto's. Weg

weg (de)	дорога (ж)	[dɔróga]
snelweg (de)	автомагистраль (ж)	[áftɔ·magistrálʲ]
autoweg (de)	шоссе (с)	[ʃɔssǽ]
richting (de)	направление (с)	[napravlénie]
afstand (de)	расстояние (с)	[rastɔjánie]

brug (de)	мост (м)	[móst]
parking (de)	паркинг (м)	[párking]
plein (het)	площадь (ж)	[plóʃatʲ]
verkeersknooppunt (het)	развязка (ж)	[razvʲáska]
tunnel (de)	тоннель (м)	[tɔnǽlʲ]

benzinestation (het)	автозаправка (ж)	[aftɔ·zapráfka]
parking (de)	автостоянка (ж)	[aftɔ·stɔjánka]
benzinepomp (de)	колонка (ж)	[kɔlónka]
garage (de)	гараж (м)	[garáʃ]
tanken (ww)	заправить (св, пх)	[zaprávitʲ]
brandstof (de)	топливо (с)	[tóplivɔ]
jerrycan (de)	канистра (ж)	[kanístra]

asfalt (het)	асфальт (м)	[asfálʲt]
markering (de)	разметка (ж)	[razmétka]
trottoirband (de)	бордюр (м)	[bɔrdʲúr]
geleiderail (de)	ограждение (с)	[ɔgraʒdénie]
greppel (de)	кювет (м)	[kʲuvét]
vluchtstrook (de)	обочина (ж)	[ɔbótʃina]
lichtmast (de)	столб (м)	[stólb]

besturen (een auto ~)	вести (нсв, пх)	[vestí]
afslaan (naar rechts ~)	поворачивать (нсв, нпх)	[pɔvɔrátʃivatʲ]
U-bocht maken (ww)	разворачиваться (нсв, возв)	[razvɔrátʃivatsa]

achteruit (de)	задний ход (м)	[zádnij hód]
toeteren (ww)	сигналить (нсв, нпх)	[signálitʲ]
toeter (de)	звуковой сигнал (м)	[zvukɔvój signál]
vastzitten (in modder)	застрять (св, нпх)	[zastrʲátʲ]
spinnen (wielen gaan ~)	буксовать (нсв, нпх)	[buksɔvátʲ]
uitzetten (ww)	глушить (нсв, пх)	[gluʃítʲ]

snelheid (de)	скорость (ж)	[skórɔstʲ]
een snelheidsovertreding maken	превысить скорость	[prevīsitʲ skórɔstʲ]
bekeuren (ww)	штрафовать (нсв, пх)	[ʃtrafɔvátʲ]
verkeerslicht (het)	светофор (м)	[svetɔfór]
rijbewijs (het)	водительские права (мн)	[vɔdítelʲskie pravá]

overgang (de)	переезд (м)	[pereézd]
kruispunt (het)	перекрёсток (м)	[perekrǿstɔk]
zebrapad (oversteekplaats)	пешеходный переход (м)	[peʃɛhódnij perehód]
bocht (de)	поворот (м)	[pɔvɔrót]
voetgangerszone (de)	пешеходная зона (ж)	[peʃɛhódnaja zóna]

MENSEN. GEBEURTENISSEN IN HET LEVEN

Gebeurtenissen in het leven

152. Vakanties. Evenement

feest (het)	праздник (м)	[práznik]
nationale feestdag (de)	национальный праздник (м)	[natsionálʲnij práznik]
feestdag (de)	праздничный день (м)	[práznitʃnij dénʲ]
herdenken (ww)	праздновать (нсв, пх)	[práznɔvatʲ]
gebeurtenis (de)	событие (с)	[sɔbītie]
evenement (het)	мероприятие (с)	[merɔprijátie]
banket (het)	банкет (м)	[bankét]
receptie (de)	приём (м)	[prijóm]
feestmaal (het)	пир (м)	[pír]
verjaardag (de)	годовщина (ж)	[gɔdɔfʃʲína]
jubileum (het)	юбилей (м)	[jubiléj]
vieren (ww)	отметить (св, пх)	[ɔtmétitʲ]
Nieuwjaar (het)	Новый год (м)	[nóvij gód]
Gelukkig Nieuwjaar!	С Новым Годом!	[s nóvɨm gódɔm]
Kerstfeest (het)	Рождество (с)	[rɔʒdestvó]
Vrolijk kerstfeest!	Весёлого Рождества!	[vesólɔvɔ rɔʒdestvá]
kerstboom (de)	Новогодняя ёлка (ж)	[nɔvɔgódnʲaja jólka]
vuurwerk (het)	салют (м)	[salʲút]
bruiloft (de)	свадьба (ж)	[svátʲba]
bruidegom (de)	жених (м)	[ʒeníh]
bruid (de)	невеста (ж)	[nevésta]
uitnodigen (ww)	приглашать (нсв, пх)	[priglaʃátʲ]
uitnodigingskaart (de)	приглашение (с)	[priglaʃǽnie]
gast (de)	гость (м)	[góstʲ]
op bezoek gaan	идти в гости	[itʲtí v gósti]
gasten verwelkomen	встречать гостей	[fstretʃátʲ gostéj]
geschenk, cadeau (het)	подарок (м)	[pɔdárɔk]
geven (iets cadeau ~)	дарить (нсв, пх)	[darítʲ]
geschenken ontvangen	получать подарки	[pɔlutʃátʲ pɔdárki]
boeket (het)	букет (м)	[bukét]
felicitaties (mv.)	поздравление (с)	[pɔzdravlénie]
feliciteren (ww)	поздравлять (нсв, пх)	[pɔzdravlʲátʲ]
wenskaart (de)	поздравительная открытка (ж)	[pɔzdravítelʲnaja ɔtkrītka]

| een kaartje versturen | отправить открытку | [ɔtprávit̬ ɔtkrītku] |
| een kaartje ontvangen | получить открытку | [pɔlutʃít̬ ɔtkrītku] |

toast (de)	тост (m)	[tóst]
aanbieden (een drankje ~)	угощать (нсв, пх)	[ugɔʃát̬]
champagne (de)	шампанское (c)	[ʃampánskɔe]

plezier hebben (ww)	веселиться (нсв, возв)	[veselítsa]
plezier (het)	веселье (c)	[vesélje]
vreugde (de)	радость (ж)	[rádɔst̬]

| dans (de) | танец (m) | [tánets] |
| dansen (ww) | танцевать (нсв, н/пх) | [tantsɛvát̬] |

| wals (de) | вальс (m) | [vál̬s] |
| tango (de) | танго (c) | [tángɔ] |

153. Begrafenissen. Begrafenis

kerkhof (het)	кладбище (c)	[kládbiʃe]
graf (het)	могила (ж)	[mɔgíla]
kruis (het)	крест (m)	[krést]
grafsteen (de)	надгробие (c)	[nadgróbie]
omheining (de)	ограда (ж)	[ɔgráda]
kapel (de)	часовня (ж)	[t̬ʃasóvn̬a]

dood (de)	смерть (ж)	[smért̬]
sterven (ww)	умереть (св, нпх)	[umerét̬]
overledene (de)	покойник (m)	[pɔkójnik]
rouw (de)	траур (m)	[tráur]

begraven (ww)	хоронить (нсв, пх)	[hɔrɔnít̬]
begrafenisonderneming (de)	похоронное бюро (c)	[pɔhɔrónnɔe b̬uró]
begrafenis (de)	похороны (мн)	[póhɔrɔn̬]

krans (de)	венок (m)	[venók]
doodskist (de)	гроб (м)	[grób]
lijkwagen (de)	катафалк (m)	[katafálk]
lijkkleed (de)	саван (m)	[sávan]

begrafenisstoet (de)	траурная процессия (ж)	[tráurnaja prɔtsǽsija]
urn (de)	урна (ж)	[úrna]
crematorium (het)	крематорий (m)	[krematórij]

overlijdensbericht (het)	некролог (m)	[nekrɔlóg]
huilen (wenen)	плакать (нсв, нпх)	[plákat̬]
snikken (huilen)	рыдать (нсв, нпх)	[rɨdát̬]

154. Oorlog. Soldaten

| peloton (het) | взвод (м) | [vzvód] |
| compagnie (de) | рота (ж) | [róta] |

regiment (het)	полк (м)	[pólk]
leger (armee)	армия (ж)	[ármija]
divisie (de)	дивизия (ж)	[divízija]

| sectie (de) | отряд (м) | [ɔtrʲád] |
| troep (de) | войско (с) | [vójskɔ] |

| soldaat (militair) | солдат (м) | [sɔldát] |
| officier (de) | офицер (м) | [ɔfitsǽr] |

soldaat (rang)	рядовой (м)	[rɪdɔvój]
sergeant (de)	сержант (м)	[serʒánt]
luitenant (de)	лейтенант (м)	[lejtenánt]
kapitein (de)	капитан (м)	[kapitán]
majoor (de)	майор (м)	[majór]
kolonel (de)	полковник (м)	[pɔlkóvnik]
generaal (de)	генерал (м)	[generál]

matroos (de)	моряк (м)	[mɔrʲák]
kapitein (de)	капитан (м)	[kapitán]
bootsman (de)	боцман (м)	[bótsman]

artillerist (de)	артиллерист (м)	[artileríst]
valschermjager (de)	десантник (м)	[desántnik]
piloot (de)	лётчик (м)	[lǿttʃik]

| stuurman (de) | штурман (м) | [ʃtúrman] |
| mecanicien (de) | механик (м) | [mehánik] |

| sappeur (de) | сапёр (м) | [sapǿr] |
| parachutist (de) | парашютист (м) | [paraʃutíst] |

| verkenner (de) | разведчик (м) | [razvéttʃik] |
| scherpschutter (de) | снайпер (м) | [snájper] |

patrouille (de)	патруль (м)	[patrúlʲ]
patrouilleren (ww)	патрулировать (нсв, н/пх)	[patrulírɔvatʲ]
wacht (de)	часовой (м)	[tʃasɔvój]

| krijger (de) | воин (м) | [vóin] |
| patriot (de) | патриот (м) | [patriót] |

| held (de) | герой (м) | [gerój] |
| heldin (de) | героиня (ж) | [gerɔínʲa] |

verrader (de)	предатель (м)	[predátelʲ]
deserteur (de)	дезертир (м)	[dezertír]
deserteren (ww)	дезертировать (нсв, нпх)	[dezertírɔvatʲ]

huurling (de)	наёмник (м)	[najómnik]
rekruut (de)	новобранец (м)	[nɔvɔbránets]
vrijwilliger (de)	доброволец (м)	[dɔbrɔvólets]

gedode (de)	убитый (м)	[ubítij]
gewonde (de)	раненый (м)	[ránenij]
krijgsgevangene (de)	пленный (м)	[plénnij]

155. Oorlog. Militaire actes. Deel 1

oorlog (de)	всёна (ж)	[vɔjná]
oorlog voeren (ww)	воевать (нсв, нпх)	[vɔevátⁱ]
burgeroorlog (de)	гражданская война (ж)	[graʒdánskaja vɔjná]

achterbaks (bw)	вероломно	[verɔlómnɔ]
oorlogsverklaring (de)	объявление войны	[ɔbjɪvlénie vɔjnī]
verklaren (de oorlog ~)	объявить (св, пх)	[ɔbjɪvítⁱ]
agressie (de)	агрессия (ж)	[agrǽsija]
aanvallen (binnenvallen)	нападать (нсв, нпх)	[napadátⁱ]

binnenvallen (ww)	захватывать (нсв, пх)	[zahvátivatⁱ]
invaller (de)	захватчик (м)	[zahvátʧik]
veroveraar (de)	завоеватель (м)	[zavɔevátelⁱ]

verdediging (de)	оборона (ж)	[ɔbɔróna]
verdedigen (je land ~)	оборонять (нсв, пх)	[ɔbɔronⁱátⁱ]
zich verdedigen (ww)	обороняться (нсв, возв)	[ɔbɔronⁱátsa]

vijand (de)	враг м)	[vrág]
tegenstander (de)	противник (м)	[prɔtívnik]
vijandelijk (bn)	вражеский	[vráʒeskij]

| strategie (de) | стратэгия (ж) | [stratǽgija] |
| tactiek (de) | тактика (ж) | [táktika] |

order (de)	приказ (м)	[prikás]
bevel (het)	команда (ж)	[kɔmánda]
bevelen (ww)	приказывать (нсв, пх)	[prikázivatⁱ]
opdracht (de)	задание (с)	[zadánie]
geheim (bn)	секретный	[sekrétnⁱj]

| veldslag (de) | сражение (с) | [sraʒǽnie] |
| strijd (de) | бой (м. | [bój] |

aanval (de)	атака (ж)	[atáka]
bestorming (de)	штурм (м)	[ʃtúrm]
bestormen (ww)	штурмовать (нсв, пх)	[ʃturmɔvátⁱ]
bezetting (de)	осада (ж)	[ɔsáda]

| aanval (de) | наступление (с) | [nastuplénie] |
| in het offensief te gaan | наступать (нсв, нпх) | [nastupátⁱ] |

| terugtrekking (de) | отступление (с) | [ɔʦtuplénie] |
| zich terugtrekken (ww) | отступать (нсв, нпх) | [ɔʦtupátⁱ] |

| omsingeling (de) | окружение (с) | [ɔkruʒǽnie] |
| omsingelen (ww) | окружа̄ (нсв, пх) | [ɔkruʒátⁱ] |

bombardement (het)	бомбёжка (ж)	[bɔmbǿʒka]
een bom gooien	сбросить бомбу	[zbrósitⁱ bómbu]
bombarderen (ww)	бомбить (нсв, пх)	[bɔmbítⁱ]
ontploffing (de)	взрыв (м)	[vzrīf]
schot (het)	выстрел (м)	[vīstrel]

| een schot lossen | выстрелить (св, нпх) | [vɨstrelitʲ] |
| schieten (het) | стрельба (ж) | [strelʲbá] |

mikken op (ww)	целиться (нсв, возв)	[tsǽlitsa]
aanleggen (een wapen ~)	навести (св, пх)	[navestí]
treffen (doelwit ~)	попасть (св, нпх)	[pɔpástʲ]

zinken (tot zinken brengen)	потопить (св, пх)	[pɔtɔpítʲ]
kogelgat (het)	пробоина (ж)	[prɔbóina]
zinken (gezonken zijn)	идти ко дну (нсв)	[itʲtí kɔ dnú]

front (het)	фронт (м)	[frónt]
evacuatie (de)	эвакуация (ж)	[ɛvakuátsija]
evacueren (ww)	эвакуировать (н/св, пх)	[ɛvakuírɔvatʲ]

loopgraaf (de)	окоп (м)	[ɔkóp]
prikkeldraad (de)	колючая проволока (ж)	[kɔlʲútʃaja próvɔlka]
verdedigingsobstakel (het)	заграждение (с)	[zagraʒdénie]
wachttoren (de)	вышка (ж)	[vɨʃka]

hospitaal (het)	госпиталь (м)	[góspitalʲ]
verwonden (ww)	ранить (н/св, пх)	[ránitʲ]
wond (de)	рана (ж)	[rána]
gewonde (de)	раненый (м)	[ránenɨj]
gewond raken (ww)	получить ранение	[pɔlutʃítʲ ranénie]
ernstig (~e wond)	тяжёлый	[tɪʒólɨj]

156. Wapens

wapens (mv.)	оружие (с)	[ɔrúʒie]
vuurwapens (mv.)	огнестрельное оружие (с)	[ɔgnestrélʲnɔe ɔrúʒie]
koude wapens (mv.)	холодное оружие (с)	[hɔlódnɔe ɔrúʒie]

chemische wapens (mv.)	химическое оружие (с)	[himítʃeskɔe ɔrúʒie]
kern-, nucleair (bn)	ядерный	[jádernɨj]
kernwapens (mv.)	ядерное оружие (с)	[jádernɔe ɔrúʒie]

| bom (de) | бомба (ж) | [bómba] |
| atoombom (de) | атомная бомба (ж) | [átɔmnaja bómba] |

pistool (het)	пистолет (м)	[pistɔlét]
geweer (het)	ружьё (с)	[ruʒjǿ]
machinepistool (het)	автомат (м)	[aftɔmát]
machinegeweer (het)	пулемёт (м)	[pulemǿt]

loop (schietbuis)	дуло (с)	[dúlɔ]
loop (bijv. geweer met kortere ~)	ствол (м)	[stvól]
kaliber (het)	калибр (м)	[kalíbr]

trekker (de)	курок (м)	[kurók]
korrel (de)	прицел (м)	[pritsǽl]
magazijn (het)	магазин (м)	[magazín]
geweerkolf (de)	приклад (м)	[priklád]

granaat (handgranaat)	граната (ж)	[granáta]
explosieven (mv.)	взрывчатка (ж)	[vzriftʃátka]
kogel (de)	пуля (ж)	[púlʲa]
patroon (de)	патрон (м)	[patrón]
lading (de)	заряд (м)	[zarʲád]
ammunitie (de)	боэприпасы (мн)	[bɔepripásɨ]
bommenwerper (de)	бомбардировщик (м)	[bɔmbardirófʃik]
straaljager (de)	истребитель (м)	[istrebítelʲ]
helikopter (de)	вертолёт (м)	[vertɔlǿt]
afweergeschut (het)	зенитка (ж)	[zenítka]
tank (de)	танк (м)	[tánk]
kanon (tank met een ~ van 76 mm)	пушка (ж)	[púʃka]
artillerie (de)	артиллерия (ж)	[artilérija]
aanleggen (een wapen ~)	навести на ... (св)	[navestí na ...]
projectiel (het)	снаряд (м)	[snarʲád]
mortiergranaat (de)	мина (ж)	[mína]
mortier (de)	миномёт (м)	[minɔmǿt]
granaatscherf (de)	осколок (м)	[ɔskólɔk]
duikboot (de)	подводная лодка (ж)	[pɔdvódnaja lótka]
torpedo (de)	торпеда (ж)	[tɔrpéda]
raket (de)	ракета (ж)	[rakéta]
laden (geweer, kanon)	заряжать (нсв, пх)	[zarɨʒátʲ]
schieten (ww)	стрелять (нсв, нпх)	[strelʲátʲ]
richten op (mikken)	целиться (нсв, возв)	[tsǽlitsa]
bajonet (de)	штык (м)	[ʃtɨk]
degen (de)	шпага (ж)	[ʃpága]
sabel (de)	сабля (ж)	[sáblʲa]
speer (de)	копьё (с)	[kɔpjǿ]
boog (de)	лук (м)	[lúk]
pijl (de)	стрела (ж)	[strelá]
musket (de)	мушкет (м)	[muʃkét]
kruisboog (de)	арбалет (м)	[arbalét]

157. Oude mensen

primitief (bn)	первобытный	[pervɔbɨ̃tnij]
voorhistorisch (bn)	доисторический	[dɔistɔrítʃeskij]
eeuwenoude (~ beschaving)	древний	[drévnij]
Steentijd (de)	Каменный Век (м)	[kámennij vek]
Bronstijd (de)	Бронзовый Век (м)	[brónzɔvij vek]
IJstijd (de)	ледниковый период (м)	[lednikóvij períud]
stam (de)	племя (с)	[plémʲa]
menseneter (de)	людоед (м)	[lʲudɔéd]

jager (de)	охотник (м)	[ɔhótnik]
jagen (ww)	охотиться (нсв, возв)	[ɔhótitsa]
mammoet (de)	мамонт (м)	[mámɔnt]

grot (de)	пещера (ж)	[peʃéra]
vuur (het)	огонь (м)	[ɔgónʲ]
kampvuur (het)	костёр (м)	[kɔstǿr]
rotstekening (de)	наскальный рисунок (м)	[naskálʲnʲij risúnɔk]

werkinstrument (het)	орудие (c) труда	[ɔrúdie trudá]
speer (de)	копьё (c)	[kɔpjǿ]
stenen bijl (de)	каменный топор (м)	[kámennʲij tɔpór]
oorlog voeren (ww)	воевать (нсв, нпх)	[vɔevátʲ]
temmen (bijv. wolf ~)	приручать (нсв, пх)	[prirutʃátʲ]

idool (het)	идол (м)	[ídɔl]
aanbidden (ww)	поклоняться (нсв, возв)	[pɔklɔnʲátsa]
bijgeloof (het)	суеверие (c)	[suevérie]

evolutie (de)	эволюция (ж)	[ɛvolʲútsija]
ontwikkeling (de)	развитие (c)	[razvítie]
verdwijning (de)	исчезновение (c)	[isʃeznɔvénie]
zich aanpassen (ww)	приспосабливаться (нсв, возв)	[prispɔsáblivatsa]

archeologie (de)	археология (ж)	[arheɔlógija]
archeoloog (de)	археолог (м)	[arheólɔg]
archeologisch (bn)	археологический	[arheɔlɔgítʃeskij]

opgravingsplaats (de)	раскопки (мн)	[raskópki]
opgravingen (mv.)	раскопки (мн)	[raskópki]
vondst (de)	находка (ж)	[nahótka]
fragment (het)	фрагмент (м)	[fragmént]

158. Middeleeuwen

volk (het)	народ (м)	[naród]
volkeren (mv.)	народы (м мн)	[naródi]
stam (de)	племя (c)	[plémʲa]
stammen (mv.)	племена (c мн)	[plemená]

barbaren (mv.)	варвары (м мн)	[várvari]
Galliërs (mv.)	галлы (м мн)	[gáli]
Goten (mv.)	готы (м мн)	[góti]
Slaven (mv.)	славяне (мн)	[slavʲáne]
Vikings (mv.)	викинги (м мн)	[víkingi]

| Romeinen (mv.) | римляне (мн) | [rímlɪne] |
| Romeins (bn) | римский | [rímskij] |

Byzantijnen (mv.)	византийцы (м мн)	[vizantíjtsi]
Byzantium (het)	Византия (ж)	[vizantíja]
Byzantijns (bn)	византийский	[vizantíjskij]
keizer (bijv. Romeinse ~)	император (м)	[imperátɔr]

opperhoofd (het)	вождь (м)	[vóʃtʲ]
machtig (bn)	могущественный	[mɔgúʃestvenij]
koning (de)	король (м)	[kɔrólʲ]
heerser (de)	правитель (м)	[pravítelʲ]

ridder (de)	рыцарь (м)	[rítsarʲ]
feodaal (de)	феодал (м)	[feɔdál]
feodaal (bn)	феодальный	[feɔdálʲnij]
vazal (de)	вассал (м)	[vasál]

hertog (de)	герцог (м)	[gértsɔg]
graaf (de)	граф (м)	[gráf]
baron (de)	барон (м)	[barón]
bisschop (de)	епископ (м)	[epískɔp]

harnas (het)	доспехи (мн)	[dɔspéhi]
schild (het)	щит (м)	[ʃít]
zwaard (het)	меч (м)	[métʃ]
vizier (het)	забрало (с)	[zabrálɔ]
maliënkolder (de)	кольчуга (ж)	[kɔlʲtʃúga]

| kruistocht (de) | крестовый поход (м) | [krestóvij pɔhód] |
| kruisvaarder (de) | крестоносец (м) | [krestɔnósets] |

gebied (bijv. bezette ~en)	территория (ж)	[teritórija]
aanvallen (binnenvallen)	нападать (нсв, нпх)	[napadátʲ]
veroveren (ww)	завоевать (св, пх)	[zavɔevátʲ]
innemen (binnenvallen)	захватить (св, пх)	[zahvatítʲ]

bezetting (de)	осада (ж)	[ɔsáda]
belegerd (bn)	осаждённый	[ɔsaʒdǿnnij]
belegeren (ww)	осаждать (нсв, пх)	[ɔsaʒdátʲ]

inquisitie (de)	инквизиция (ж)	[inkvizítsija]
inquisiteur (de)	инквизитор (м)	[inkvizítɔr]
foltering (de)	пытка (ж)	[pítka]
wreed (bn)	жестокий	[ʒestókij]
ketter (de)	еретик (м)	[eretík]
ketterij (de)	ересь (ж)	[éresʲ]

zeevaart (de)	мореплавание (с)	[mɔre·plávanie]
piraat (de)	пират (м)	[pirát]
piraterij (de)	пиратство (с)	[pirátstvɔ]
enteren (het)	абордаж (м)	[abɔrdáʃ]

| buit (de) | добыча (ж) | [dɔbítʃa] |
| schatten (mv.) | сокровища (мн) | [sɔkróviʃa] |

ontdekking (de)	открытие (с)	[ɔtkrítie]
ontdekken (bijv. nieuw land)	открыть (св, пх)	[ɔtkrítʲ]
expeditie (de)	экспедиция (ж)	[ɛkspedítsija]

musketier (de)	мушкетёр (м)	[muʃketǿr]
kardinaal (de)	кардинал (м)	[kardinál]
heraldiek (de)	геральдика (ж)	[gerálʲdika]
heraldisch (bn)	геральдический	[geralʲdítʃeskij]

159. Leider. Baas. Autoriteiten

koning (de)	король (м)	[koról']
koningin (de)	королева (ж)	[koroléva]
koninklijk (bn)	королевский	[koroléfskij]
koninkrijk (het)	королевство (c)	[koroléfstvo]

prins (de)	принц (м)	[prínts]
prinses (de)	принцесса (ж)	[printsǽsa]

president (de)	президент (м)	[prezidént]
vicepresident (de)	вице-президент (м)	[vítsε-prezidént]
senator (de)	сенатор (м)	[senátor]

monarch (de)	монарх (м)	[monárh]
heerser (de)	правитель (м)	[pravítel']
dictator (de)	диктатор (м)	[diktátor]
tiran (de)	тиран (м)	[tirán]
magnaat (de)	магнат (м)	[magnát]

directeur (de)	директор (м)	[diréktor]
chef (de)	шеф (м)	[ʃǽf]
beheerder (de)	управляющий (м)	[upravl'ájuʃij]
baas (de)	босс (м)	[bós]
eigenaar (de)	хозяин (м)	[hoz'áin]

hoofd (bijv. ~ van de delegatie)	глава (ж)	[glavá]
autoriteiten (mv.)	власти (мн)	[vlásti]
superieuren (mv.)	начальство (c)	[natʃál'stvo]

gouverneur (de)	губернатор (м)	[gubernátor]
consul (de)	консул (м)	[kónsul]
diplomaat (de)	дипломат (м)	[diplomát]
burgemeester (de)	мэр (м)	[mǽr]
sheriff (de)	шериф (м)	[ʃεríf]

keizer (bijv. Romeinse ~)	император (м)	[imperátor]
tsaar (de)	царь (м)	[tsár']
farao (de)	фараон (м)	[faraón]
kan (de)	хан (м)	[hán]

160. De wet overtreden. Criminelen. Deel 1

bandiet (de)	бандит (м)	[bandít]
misdaad (de)	преступление (c)	[prestuplénie]
misdadiger (de)	преступник (м)	[prestúpnik]

dief (de)	вор (м)	[vór]
stelen (de)	воровство (c)	[vorofstvó]
diefstal (de)	кража (ж)	[kráʒa]
kidnappen (ww)	похитить (св, пх)	[pohítit']
kidnapping (de)	похищение (c)	[pohiʃénie]

kidnapper (de)	псхититель (м)	[pɔhitítelʲ]
losgeld (het)	выкуп (м)	[vīkup]
eisen losgeld (ww)	трэбовать выкуп	[trébɔvatʲ vīkup]

| overvallen (ww) | грабить (нсв, пх) | [grábitʲ] |
| overvaller (de) | грабитель (м) | [grabítelʲ] |

afpersen (ww)	вымогать (нсв, пх)	[vimɔgátʲ]
afperser (de)	вымогатель (м)	[vimɔgátelʲ]
afpersing (de)	вымогательство (с)	[vimɔgátelʲstvɔ]

vermoorden (ww)	убить (св, пх)	[ubítʲ]
moord (de)	убийство (с)	[ubíjstvɔ]
moordenaar (de)	убийца (ж)	[ubíjtsa]

schot (het)	выстрел (м)	[vīstrel]
een schot lossen	выстрелить (св, нпх)	[vīstrelitʲ]
neerschieten (ww)	застрелить (св, пх)	[zastrelítʲ]
schieten (ww)	стрелять (нсв, нпх)	[strelʲátʲ]
schieten (het)	стрельба (ж)	[strelʲbá]

ongeluk (gevecht, enz.)	происшествие (с)	[prɔiʃǽstvie]
gevecht (het)	драка (ж)	[dráka]
slachtoffer (het)	жертва (ж)	[ʒǽrtva]

beschadigen (ww)	повредить (св, пх)	[pɔvredítʲ]
schade (de)	ущерб (м)	[uʃʲérb]
lijk (het)	труп (м)	[trúp]
zwaar (~ misdrijf)	тяжкий	[tʲáʃkij]

aanvallen (ww)	напасть (св, нпх)	[napástʲ]
slaan (iemand ~)	бить (св, пх)	[bítʲ]
in elkaar slaan (toetakelen)	избить (св, пх)	[izbítʲ]
ontnemen (beroven)	отнять (св, пх)	[otnʲátʲ]
steken (met een mes)	зарезать (св, пх)	[zarézatʲ]
verminken (ww)	изувечить (св, пх)	[izuvétʃitʲ]
verwonden (ww)	ранить (н/св, пх)	[ránitʲ]

chantage (de)	шантаж (м)	[ʃantáʃ]
chanteren (ww)	шантажировать (нсв, пх)	[ʃantaʒīrɔvatʲ]
chanteur (de)	шантажист (м)	[ʃantaʒīst]

afpersing (de)	рэкет (м	[rǽket]
afperser (de)	рэкетир (м)	[rɛketír]
gangster (de)	гангстер (м)	[gángstɛr]
maffia (de)	мафия (ж)	[máfija]

| kruimeldief (de) | карманник (м) | [karmánnik] |
| inbreker (de) | взломщик (м) | [vzlómʃʲik] |

| smokkelen (het) | контрабанда (ж) | [kɔntrabánda] |
| smokkelaar (de) | контрабандист (м) | [kɔntrabandíst] |

namaak (de)	подделка (ж)	[pɔddélka]
namaken (ww)	подделывать (нсв, пх)	[pɔddélivatʲ]
namaak-, vals (bn)	фальшивый	[falʲʃívij]

161. De wet overtreden. Criminelen. Deel 2

verkrachting (de)	изнасилование (с)	[iznasílovanie]
verkrachten (ww)	изнасиловать (св, пх)	[iznasílovat']
verkrachter (de)	насильник (м)	[nasíl'nik]
maniak (de)	маньяк (м)	[manják]
prostituee (de)	проститутка (ж)	[prostitútka]
prostitutie (de)	проституция (ж)	[prostitútsija]
pooier (de)	сутенёр (м)	[sutenǿr]
drugsverslaafde (de)	наркоман (м)	[narkomán]
drugshandelaar (de)	торговец (м) наркотиками	[torgóvets narkótikami]
opblazen (ww)	взорвать (св, пх)	[vzorvát']
explosie (de)	взрыв (м)	[vzrîf]
in brand steken (ww)	поджечь (св, пх)	[podʒǽtʃ']
brandstichter (de)	поджигатель (м)	[podʒigátel']
terrorisme (het)	терроризм (м)	[terorízm]
terrorist (de)	террорист (м)	[teroríst]
gijzelaar (de)	заложник (м)	[zalóʒnik]
bedriegen (ww)	обмануть (св, пх)	[obmanút']
bedrog (het)	обман (м)	[obmán]
oplichter (de)	мошенник (м)	[moʃǽnnik]
omkopen (ww)	подкупить (св, пх)	[potkupít']
omkoperij (de)	подкуп (м)	[pótkup]
smeergeld (het)	взятка (ж)	[vz'átka]
vergif (het)	яд (м)	[jád]
vergiftigen (ww)	отравить (св, пх)	[otravít']
vergif innemen (ww)	отравиться (св, возв)	[otravítsa]
zelfmoord (de)	самоубийство (с)	[samoubíjstvo]
zelfmoordenaar (de)	самоубийца (м, ж)	[samoubíjtsa]
bedreigen (bijv. met een pistool)	угрожать (нсв, пх)	[ugroʒát']
bedreiging (de)	угроза (ж)	[ugróza]
een aanslag plegen	покушаться (нсв, возв)	[pokuʃátsa]
aanslag (de)	покушение (с)	[pokuʃǽnie]
stelen (een auto)	угнать (св, пх)	[ugnát']
kapen (een vliegtuig)	угнать (св, пх)	[ugnát']
wraak (de)	месть (ж)	[mést']
wreken (ww)	мстить (нсв, пх)	[mstít']
martelen (gevangenen)	пытать (нсв, пх)	[pïtát']
foltering (de)	пытка (ж)	[pïtka]
folteren (ww)	мучить (нсв, пх)	[mútʃit']
piraat (de)	пират (м)	[pirát]
straatschender (de)	хулиган (м)	[huligán]

gewapend (bn)	вооружённый	[vɔɔruʒónnɨj]
geweld (het)	насилие (c)	[nasílie]
onwettig (strafbaar)	нелегальный	[nelegálʲnɨj]

| spionage (de) | шпионаж (м) | [ʃpiɔnáʃ] |
| spioneren (ww) | шпионить (нсв, нпх) | [ʃpiónitʲ] |

162. Politie. Wet. Deel 1

| justitie (de) | правосудие (c) | [pravɔsúdie] |
| gerechtshof (het) | суд (м) | [súd] |

rechter (de)	судья (ж)	[sudjá]
jury (de)	присяжные (мн)	[prisʲáʒnie]
juryrechtspraak (de)	суд (м) присяжных	[sút prisʲáʒnɨh]
berechten (ww)	судить (нсв, пх)	[sudítʲ]

advocaat (de)	адвокат (м)	[advɔkát]
beklaagde (de)	подсудимый (м)	[pɔtsudímɨj]
beklaagdenbank (de)	скамья (ж) подсудимых	[skamjá pɔtsudímɨh]

| beschuldiging (de) | обвинение (c) | [ɔbvinénie] |
| beschuldigde (de) | обвиняемый (м) | [ɔbvinʲáemɨj] |

vonnis (het)	приговор (м)	[prigɔvór]
veroordelen	приговорить (св, пх)	[prigɔvorítʲ]
(in een rechtszaak)		

schuldige (de)	виновник (м)	[vinóvnik]
straffen (ww)	наказать (св, пх)	[nakazátʲ]
bestraffing (de)	наказание (c)	[nakazánie]

boete (de)	штраф (м)	[ʃtráf]
levenslange opsluiting (de)	пожизненное заключение (c)	[pɔʒíznenɔe zaklʲutʃénie]
doodstraf (de)	смертная казнь (ж)	[smértnaja káznʲ]
elektrische stoel (de)	электрический стул (м)	[ɛlektrítʃeskij stúl]
schavot (het)	виселица (ж)	[víselitsa]

| executeren (ww) | казнить (н/св, пх) | [kaznítʲ] |
| executie (de) | казнь (ж) | [káznʲ] |

| gevangenis (de) | тюрьма (ж) | [tʲurʲmá] |
| cel (de) | камера (ж) | [kámera] |

konvooi (het)	конвой (м)	[kɔnvój]
gevangenisbewaker (de)	надзиратель (м)	[nadzirátelʲ]
gedetineerde (de)	заключённый (м)	[zaklʲutʃónnɨj]

| handboeien (mv.) | наручники (мн) | [narútʃniki] |
| handboeien omdoen | надеть наручники | [nadétʲ narútʃniki] |

| ontsnapping (de) | побег (м) | [pɔbég] |
| ontsnappen (ww) | убежать (св, нпх) | [ubeʒátʲ] |

verdwijnen (ww)	исчезнуть (св, нпх)	[isʃéznutʲ]
vrijlaten (uit de gevangenis)	освободить (св, пх)	[ɔsvɔbɔdítʲ]
amnestie (de)	амнистия (ж)	[amnístija]

politie (de)	полиция (ж)	[pɔlítsija]
politieagent (de)	полицейский (м)	[pɔlitsǽjskij]
politiebureau (het)	полицейский участок (м)	[pɔlitsǽjskij utʃástɔk]
knuppel (de)	резиновая дубинка (ж)	[rezínɔvaja dubínka]
megafoon (de)	рупор (м)	[rúpɔr]

patrouilleerwagen (de)	патрульная машина (ж)	[patrúlʲnaja maʃína]
sirene (de)	сирена (ж)	[siréna]
de sirene aansteken	включить сирену	[fklʲutʃítʲ sirénu]
geloei (het) van de sirene	вой (м) сирены	[vój siréni]

plaats delict (de)	место (с) преступления	[méstɔ prestuplénija]
getuige (de)	свидетель (м)	[svidételʲ]
vrijheid (de)	свобода (ж)	[svɔbóda]
handlanger (de)	сообщник (м)	[sɔópʃnik]
ontvluchten (ww)	скрыться (св, возв)	[skrītsa]
spoor (het)	след (м)	[sléd]

163. Politie. Wet. Deel 2

opsporing (de)	розыск (м)	[rózisk]
opsporen (ww)	разыскивать ... (нсв, пх)	[razīskivatʲ ...]
verdenking (de)	подозрение (с)	[pɔdɔzrénie]
verdacht (bn)	подозрительный	[pɔdɔzrítelʲnij]
aanhouden (stoppen)	остановить (св, пх)	[ɔstanɔvítʲ]
tegenhouden (ww)	задержать (св, пх)	[zaderʒátʲ]

strafzaak (de)	дело (с)	[délɔ]
onderzoek (het)	следствие (с)	[slétstvie]
detective (de)	детектив, сыщик (м)	[dɛtɛktíf], [sīʃik]
onderzoeksrechter (de)	следователь (м)	[slédɔvatelʲ]
versie (de)	версия (ж)	[vérsija]

motief (het)	мотив (м)	[mɔtíf]
verhoor (het)	допрос (м)	[dɔprós]
ondervragen (door de politie)	допрашивать (нсв, пх)	[dɔpráʃivatʲ]
ondervragen (omstanders ~)	опрашивать (нсв, пх)	[ɔpráʃivatʲ]
controle (de)	проверка (ж)	[prɔvérka]

razzia (de)	облава (ж)	[ɔbláva]
huiszoeking (de)	обыск (м)	[óbisk]
achtervolging (de)	погоня (ж)	[pɔgónʲa]
achtervolgen (ww)	преследовать (нсв, пх)	[preslédɔvatʲ]
opsporen (ww)	следить (нсв, нпх)	[sledítʲ]

arrest (het)	арест (м)	[arést]
arresteren (ww)	арестовать (св, пх)	[arestɔvátʲ]
vangen, aanhouden (een dief, enz.)	поймать (св, пх)	[pɔjmátʲ]
aanhouding (de)	поимка (ж)	[pɔímka]

document (het)	документ (м)	[dɔkumént]
bewijs (het)	доказательство (с)	[dɔkazátelʲstvɔ]
bewijzen (ww)	доказывать (нсв, пх)	[dɔkázivatʲ]
voetspoor (het)	след (м)	[sléd]
vingerafdrukken (mv.)	отпечатки (м мн) пальцев	[ɔtpetʃátki pálʲtsɛf]
bewijs (het)	улика (ж)	[ulíka]

alibi (het)	алиби (с)	[álibi]
onschuldig (bn)	невиновный	[nevinóvnij]
onrecht (het)	несправедливость (ж)	[nespravedlívɔstʲ]
onrechtvaardig (bn)	несправедливый	[nespravedlívij]

crimineel (bn)	криминальный	[kriminálʲnij]
confisqueren (in beslag nemen)	конфисковать (св, пх)	[kɔnfiskɔvátʲ]
drug (de)	наркотик (м)	[narkótik]
wapen (het)	оружие (с)	[ɔrúʒie]
ontwapenen (ww)	обезоружить (св, пх)	[ɔbezɔrúʒitʲ]
bevelen (ww)	приказывать (нсв, пх)	[prikázivatʲ]
verdwijnen (ww)	исчезнуть (св, нпх)	[isʲéznutʲ]

wet (de)	закон (м)	[zakón]
wettelijk (bn)	законный	[zakónnij]
onwettelijk (bn)	незаконный	[nezakónnij]

| verantwoordelijkheid (de) | ответственность (ж) | [ɔtvétstvenɔstʲ] |
| verantwoordelijk (bn) | ответственный | [ɔtvétstvenij] |

NATUUR

De Aarde. Deel 1

164. De kosmische ruimte

kosmos (de)	космос (м)	[kósmɔs]
kosmisch (bn)	космический	[kɔsmítʃeskij]
kosmische ruimte (de)	космическое пространство	[kɔsmítʃeskɔe prɔstránstvɔ]
wereld (de)	мир (м)	[mír]
heelal (het)	вселенная (ж)	[fselénnaja]
sterrenstelsel (het)	галактика (ж)	[galáktika]
ster (de)	звезда (ж)	[zvezdá]
sterrenbeeld (het)	созвездие (с)	[sɔzvézdie]
planeet (de)	планета (ж)	[planéta]
satelliet (de)	спутник (м)	[spútnik]
meteoriet (de)	метеорит (м)	[meteɔrít]
komeet (de)	комета (ж)	[kɔméta]
asteroïde (de)	астероид (м)	[astɛróid]
baan (de)	орбита (ж)	[ɔrbíta]
draaien (om de zon, enz.)	вращаться (нсв, возв)	[vraʃátsa]
atmosfeer (de)	атмосфера (ж)	[atmɔsféra]
Zon (de)	Солнце (с)	[sóntse]
zonnestelsel (het)	Солнечная система (ж)	[sólnetʃnaja sistéma]
zonsverduistering (de)	солнечное затмение (с)	[sólnetʃnɔe zatménie]
Aarde (de)	Земля (ж)	[zemlʲá]
Maan (de)	Луна (ж)	[luná]
Mars (de)	Марс (м)	[márs]
Venus (de)	Венера (ж)	[venéra]
Jupiter (de)	Юпитер (м)	[jupíter]
Saturnus (de)	Сатурн (м)	[satúrn]
Mercurius (de)	Меркурий (м)	[merkúrij]
Uranus (de)	Уран (м)	[urán]
Neptunus (de)	Нептун (м)	[neptún]
Pluto (de)	Плутон (м)	[plutón]
Melkweg (de)	Млечный Путь (м)	[mlétʃnij pútʲ]
Grote Beer (de)	Большая Медведица (ж)	[bɔlʲʃája medvéditsa]
Poolster (de)	Полярная Звезда (ж)	[pɔlʲárnaja zvezdá]
marsmannetje (het)	марсианин (м)	[marsiánin]

buitenaards wezen (het)	инопланетянин (м)	[inɔplanetʲánin]
bovenaards (het)	пришелец (м)	[priʃǽlets]
vliegende schotel (de)	летающая тарелка (ж)	[letájuʃʲaja tarélka]

ruimtevaartuig (het)	космический корабль (м)	[kɔsmítʃeskij kɔráblʲ]
ruimtestation (het)	орбитальная станция (ж)	[ɔrbitálʲnaja stántsija]
start (de)	старт (м)	[stárt]

motor (de)	двигатель (м)	[dvígatelʲ]
straalpijp (de)	сопло (с)	[sɔpló]
brandstof (de)	топливо (с)	[tóplivɔ]

cabine (de)	кабина (ж)	[kabína]
antenne (de)	антенна (ж)	[antǽna]
patrijspoort (de)	иллюминатор (м)	[ilʲuminátɔr]
zonnebatterij (de)	солнечная батарея (ж)	[sólnetʃnaja bataréja]
ruimtepak (het)	скафандр (м)	[skafándr]

| gewichtloosheid (de) | невесомость (ж) | [nevesómɔstʲ] |
| zuurstof (de) | кислород (м) | [kislɔród] |

| koppeling (de) | стыковка (ж) | [stikófka] |
| koppeling maken | производить стыковку | [prɔizvɔdítʲ stikófku] |

observatorium (het)	обсерватория (ж)	[ɔpservatórija]
telescoop (de)	телескоп (м)	[teleskóp]
waarnemen (ww)	наблюдать (нсв, нпх)	[nablʲudátʲ]
exploreren (ww)	исследовать (н/св, пх)	[islédɔvatʲ]

165. De Aarde

Aarde (de)	Земля (ж)	[zemlʲá]
aardbol (de)	земной шар (м)	[zemnój ʃár]
planeet (de)	планета (ж)	[planéta]

atmosfeer (de)	атмосфера (ж)	[atmɔsféra]
aardrijkskunde (de)	география (ж)	[geɔgráfija]
natuur (de)	природа (ж)	[priróda]

wereldbol (de)	глобус (м)	[glóbus]
kaart (de)	карта (ж)	[kárta]
atlas (de)	атлас (м)	[átlas]

Europa (het)	Европа (ж)	[evrópa]
Azië (het)	Азия (ж)	[ázija]
Afrika (het)	Африка (ж)	[áfrika]
Australië (het)	Австралия (ж)	[afstrálija]

Amerika (het)	Америка (ж)	[amérika]
Noord-Amerika (het)	Северная Америка (ж)	[sévernaja amérika]
Zuid-Amerika (het)	Южная Америка (ж)	[júʒnaja amérika]

| Antarctica (het) | Антарктида (ж) | [antarktída] |
| Arctis (de) | Арктика (ж) | [árktika] |

166. Windrichtingen

noorden (het)	север (м)	[séver]
naar het noorden	на север	[na séver]
in het noorden	на севере	[na sévere]
noordelijk (bn)	северный	[sévernij]
zuiden (het)	юг (м)	[júg]
naar het zuiden	на юг	[na júg]
in het zuiden	на юге	[na júge]
zuidelijk (bn)	южный	[júʒnij]
westen (het)	запад (м)	[západ]
naar het westen	на запад	[na západ]
in het westen	на западе	[na západe]
westelijk (bn)	западный	[západnij]
oosten (het)	восток (м)	[vɔstók]
naar het oosten	на восток	[na vɔstók]
in het oosten	на востоке	[na vɔstóke]
oostelijk (bn)	восточный	[vɔstótʃnij]

167. Zee. Oceaan

zee (de)	море (с)	[móre]
oceaan (de)	океан (м)	[ɔkeán]
golf (baai)	залив (м)	[zalíf]
straat (de)	пролив (м)	[prɔlíf]
grond (vaste grond)	земля (ж), суша (ж)	[zemlʲá], [súʃa]
continent (het)	материк (м)	[materík]
eiland (het)	остров (м)	[óstrɔf]
schiereiland (het)	полуостров (м)	[pɔlu·óstrɔf]
archipel (de)	архипелаг (м)	[arhipelág]
baai, bocht (de)	бухта (ж)	[búhta]
haven (de)	гавань (ж)	[gávanʲ]
lagune (de)	лагуна (ж)	[lagúna]
kaap (de)	мыс (м)	[mīs]
atol (de)	атолл (м)	[atól]
rif (het)	риф (м)	[ríf]
koraal (het)	коралл (м)	[kɔrál]
koraalrif (het)	коралловый риф (м)	[kɔrálɔvij ríf]
diep (bn)	глубокий	[glubókij]
diepte (de)	глубина (ж)	[glubiná]
diepzee (de)	бездна (ж)	[bézdna]
trog (bijv. Marianentrog)	впадина (ж)	[fpádina]
stroming (de)	течение (с)	[tetʃénie]
omspoelen (ww)	омывать (нсв, пх)	[ɔmivátʲ]
oever (de)	побережье (с)	[pɔberéʒje]

kust (de)	бэрег (м)	[béreg]
vloed (de)	прилив (м)	[prilíf]
eb (de)	стлив (м)	[otlíf]
ondiepte (ondiep water)	отмель (ж)	[ótmelʲ]
bodem (de)	дно (с)	[dnó]

golf (hoge ~)	волна (ж)	[vɔlná]
golfkam (de)	гребень (м) волны	[grébenʲ vɔlnī]
schuim (het)	пена (ж	[péna]

orkaan (de)	ураган (м)	[uragán]
tsunami (de)	цунами (с)	[tsunámi]
windstilte (de)	штиль м)	[ʃtílʲ]
kalm (bijv. ~e zee)	спокойный	[spɔkójnij]

| pool (de) | полюс (м) | [pólʲus] |
| polair (bn) | полярный | [pɔlʲárnij] |

breedtegraad (de)	широта (ж)	[ʃirɔtá]
lengtegraad (de)	долгота (ж)	[dɔlgɔtá]
parallel (de)	параллель (ж)	[paralélʲ]
evenaar (de)	экватор (м)	[ɛkvátɔr]

hemel (de)	небо (с)	[nébɔ]
horizon (de)	горизонт (м)	[gɔrizónt]
lucht (de)	воздух (м)	[vózduh]

vuurtoren (de)	маяк (м)	[maják]
duiken (ww)	нырять (нсв, нпх)	[nirátʲ]
zinken (ov. een boot)	затонуть (св, нпх)	[zatɔnútʲ]
schatten (mv.)	сокровища (мн)	[sɔkróviʃa]

168. Bergen

berg (de)	гора (ж)	[gɔrá]
bergketen (de)	горная цепь (ж)	[górnaja tsæpʲ]
gebergte (het)	горный хребет (м)	[górnij hrebét]

bergtop (de)	вершина (ж)	[verʃína]
bergpiek (de)	пик (м	[pík]
voet (ov. de berg)	подножие с)	[pɔdnóʒie]
helling (de)	склон м)	[sklón]

vulkaan (de)	вулкан (м)	[vulkán]
actieve vulkaan (de)	действующий вулкан (м)	[déjstvujuʃij vulkán]
uitgedoofde vulkaan (de)	потухший вулкан (м)	[pɔtúhʃij vulkán]

uitbarsting (de)	извержение (с)	[izverʒǽnie]
krater (de)	кратер (м)	[krátɛr]
magma (het)	магма (ж)	[mágma]
lava (de)	лава (ж	[láva]
gloeiend (~e lava)	раскалённый	[raskalɔ́nnij]
kloof (canyon)	каньон м)	[kanjón]
bergkloof (de)	ущелье (с)	[uʃélje]

spleet (de)	расщелина (ж)	[raʃélina]
bergpas (de)	перевал (м)	[perevál]
plateau (het)	плато (с)	[plató]
klip (de)	скала (ж)	[skalá]
heuvel (de)	холм (м)	[hólm]

gletsjer (de)	ледник (м)	[ledník]
waterval (de)	водопад (м)	[vɔdɔpád]
geiser (de)	гейзер (м)	[géjzer]
meer (het)	озеро (с)	[ózerɔ]

vlakte (de)	равнина (ж)	[ravnína]
landschap (het)	пейзаж (м)	[pejzáʃ]
echo (de)	эхо (с)	[æhɔ]

alpinist (de)	альпинист (м)	[alʲpiníst]
bergbeklimmer (de)	скалолаз (м)	[skalɔlás]
trotseren (berg ~)	покорять (нсв, пх)	[pɔkɔrʲátʲ]
beklimming (de)	восхождение (с)	[vɔsxɔʒdénie]

169. Rivieren

rivier (de)	река (ж)	[reká]
bron (~ van een rivier)	источник (м)	[istótʃnik]
rivierbedding (de)	русло (с)	[rúslɔ]
rivierbekken (het)	бассейн (м)	[basǽjn]
uitmonden in ...	впадать в ... (нсв)	[fpadátʲ f ...]

| zijrivier (de) | приток (м) | [pritók] |
| oever (de) | берег (м) | [béreg] |

stroming (de)	течение (с)	[tetʃénie]
stroomafwaarts (bw)	вниз по течению	[vnís pɔ tetʃéniju]
stroomopwaarts (bw)	вверх по течению	[vvérh pɔ tetʃéniju]

overstroming (de)	наводнение (с)	[navɔdnénie]
overstroming (de)	половодье (с)	[pɔlɔvódje]
buiten zijn oevers treden	разливаться (нсв, возв)	[razlivátsa]
overstromen (ww)	затоплять (нсв, пх)	[zatɔplʲátʲ]

| zandbank (de) | мель (ж) | [mélʲ] |
| stroomversnelling (de) | порог (м) | [pɔróg] |

dam (de)	плотина (ж)	[plɔtína]
kanaal (het)	канал (м)	[kanál]
spaarbekken (het)	водохранилище (с)	[vódɔ·hraníliʃe]
sluis (de)	шлюз (м)	[ʃlʲús]

waterlichaam (het)	водоём (м)	[vɔdɔjóm]
moeras (het)	болото (с)	[bɔlótɔ]
broek (het)	трясина (ж)	[trɪsína]
draaikolk (de)	водоворот (м)	[vɔdɔvɔrót]
stroom (de)	ручей (м)	[rutʃéj]
drink- (abn)	питьевой	[pitjevój]

zoet (~ water)	пресный	[présnij]
ijs (het)	лёд (м)	[lǿd]
bevriezen (rivier, enz.)	замёрзнуть (св, нпх)	[zamǿrznutʲ]

170. Bos

| bos (het) | лес (м) | [lés] |
| bos- (abn) | лесной | [lesnój] |

oerwoud (dicht bos)	чаща (ж)	[tʃáʃʲa]
bosje (klein bos)	роща (ж)	[róʃʲa]
open plek (de)	поляна (ж)	[polʲána]

| struikgewas (het) | заросли (мн) | [zárɔsli] |
| struiken (mv.) | кустарник (м) | [kustárnik] |

| paadje (het) | тропинка (ж) | [trɔpínka] |
| ravijn (het) | овраг (м) | [ɔvrág] |

boom (de)	дерево (с)	[dérevɔ]
blad (het)	лист (м)	[líst]
gebladerte (het)	листва (ж)	[listvá]

vallende bladeren (mv.)	листопад (м)	[listɔpád]
vallen (ov. de bladeren)	опадать (нсв, нпх)	[ɔpadátʲ]
boomtop (de)	верхушка (ж)	[verhúʃka]

tak (de)	ветка (ж)	[vétka]
ent (de)	сук (м.)	[súk]
knop (de)	почка (ж)	[pótʃka]
naald (de)	игла (ж)	[iglá]
dennenappel (de)	шишка (ж)	[ʃíʃka]

boom holte (de)	дупло (с)	[dupló]
nest (het)	гнездо (с)	[gnezdó]
hol (het)	нора (ж)	[nɔrá]

stam (de)	ствол (м)	[stvól]
wortel (bijv. boom~s)	корень (м)	[kórenʲ]
schors (de)	кора (ж)	[kɔrá]
mos (het)	мох (м)	[móh]

ontwortelen (een boom)	корчевать (нсв, пх)	[kɔrtʃevátʲ]
kappen (een boom ~)	рубить (нсв, пх)	[rubítʲ]
ontbossen (ww)	вырубать лес	[virubátʲ lʲés]
stronk (de)	пень (м)	[pénʲ]

kampvuur (het)	костёр (м)	[kɔstǿr]
bosbrand (de)	пожар (м)	[pɔʒár]
blussen (ww)	тушить (нсв, пх)	[tuʃítʲ]
boswachter (de)	лесник (м)	[lesník]
bescherming (de)	охрана (ж)	[ɔhrána]
beschermen (bijv. de natuur ~)	охранять (нсв, пх)	[ɔhranʲátʲ]

| stroper (de) | браконьер (м) | [brakɔnjér] |
| val (de) | капкан (м) | [kapkán] |

| plukken (vruchten, enz.) | собирать (нсв, пх) | [sɔbiráti] |
| verdwalen (de weg kwijt zijn) | заблудиться (св, возв) | [zabludítsa] |

171. Natuurlijke hulpbronnen

natuurlijke rijkdommen (mv.)	природные ресурсы (м мн)	[priródnie resúrsi]
delfstoffen (mv.)	полезные ископаемые (с мн)	[poléznie iskopáemie]
lagen (mv.)	залежи (мн)	[zálezi]
veld (bijv. olie~)	месторождение (с)	[mestorɔʒdénie]

winnen (uit erts ~)	добывать (нсв, пх)	[dɔbiváti]
winning (de)	добыча (ж)	[dɔbītʃa]
erts (het)	руда (ж)	[rudá]
mijn (bijv. kolenmijn)	рудник (м)	[rudník]
mijnschacht (de)	шахта (ж)	[ʃáhta]
mijnwerker (de)	шахтёр (м)	[ʃahtǿr]

| gas (het) | газ (м) | [gás] |
| gasleiding (de) | газопровод (м) | [gazɔ·prɔvód] |

olie (aardolie)	нефть (ж)	[néfti]
olieleiding (de)	нефтепровод (м)	[nefte·prɔvód]
oliebron (de)	нефтяная вышка (ж)	[neftɪnája vɨʃka]
boortoren (de)	буровая вышка (ж)	[burɔvája vɨʃka]
tanker (de)	танкер (м)	[tánker]

zand (het)	песок (м)	[pesók]
kalksteen (de)	известняк (м)	[izvesniák]
grind (het)	гравий (м)	[grávij]
veen (het)	торф (м)	[tórf]
klei (de)	глина (ж)	[glína]
steenkool (de)	уголь (м)	[úgɔli]

ijzer (het)	железо (с)	[ʒelézɔ]
goud (het)	золото (с)	[zólɔtɔ]
zilver (het)	серебро (с)	[serebró]
nikkel (het)	никель (м)	[níkeli]
koper (het)	медь (ж)	[méti]

zink (het)	цинк (м)	[tsɨnk]
mangaan (het)	марганец (м)	[márganets]
kwik (het)	ртуть (ж)	[rtúti]
lood (het)	свинец (м)	[svinéts]

mineraal (het)	минерал (м)	[minerál]
kristal (het)	кристалл (м)	[kristál]
marmer (het)	мрамор (м)	[mrámɔr]
uraan (het)	уран (м)	[urán]

De Aarde. Deel 2

weer (het)	погода (ж)	[pɔgóda]
weersvoorspelling (de)	прогноз (м) погоды	[prɔgnós pɔgódi]
temperatuur (de)	температура (ж)	[temperatúra]
thermometer (de)	термометр (м)	[termómetr]
barometer (de)	барометр (м)	[barómetr]
vochtig (bn)	влажный	[vláʒnij]
vochtigheid (de)	влажность (ж)	[vláʒnɔstʲ]
hitte (de)	жара (ж)	[ʒará]
heet (bn)	жаркий	[ʒárkij]
het is heet	жарко	[ʒárkɔ]
het is warm	тепло	[tepló]
warm (bn)	тёплый	[tǿplij]
het is koud	холодно	[hólɔdnɔ]
koud (bn)	холодный	[hɔlódnij]
zon (de)	солнце (с)	[sóntse]
schijnen (de zon)	светить (нсв, нпх)	[svetítʲ]
zonnig (~e dag)	солнечный	[sólnetʃnij]
opgaan (ov. de zon)	взойти (св, нпх)	[vzɔjtí]
ondergaan (ww)	сесть (св, нпх)	[séstʲ]
wolk (de)	облако (с)	[óblakɔ]
bewolkt (bn)	облачный	[óblatʃnij]
regenwolk (de)	туча (ж)	[tútʃa]
somber (bn)	пасмурный	[pásmurnij]
regen (de)	дождь (м)	[dóʃtʲ], [dóʃ]
het regent	идёт дождь	[idǿt dóʃtʲ]
regenachtig (bn)	дождливый	[dɔʒdlívij]
motregenen (ww)	моросить (нсв, нпх)	[mɔrɔsítʲ]
plensbui (de)	проливной дождь (м)	[prɔlivnój dóʃtʲ]
stortbui (de)	ливень (м)	[lívenʲ]
hard (bn)	сильный	[sílʲnij]
plas (de)	лужа (ж)	[lúʒa]
nat worden (ww)	промокнуть (св, нпх)	[prɔmóknutʲ]
mist (de)	туман (м)	[tumán]
mistig (bn)	туманный	[tumánnij]
sneeuw (de)	снег (м)	[snég]
het sneeuwt	идёт снег	[idǿt snég]

173. Zwaar weer. Natuurrampen

noodweer (storm)	гроза (ж)	[grozá]
bliksem (de)	молния (ж)	[mólnija]
flitsen (ww)	сверкать (нсв, нпх)	[sverkátʲ]
donder (de)	гром (м)	[gróm]
donderen (ww)	греметь (нсв, нпх)	[gremétʲ]
het dondert	гремит гром	[gremít gróm]
hagel (de)	град (м)	[grád]
het hagelt	идёт град	[idǿt grád]
overstromen (ww)	затопить (св, пх)	[zatopítʲ]
overstroming (de)	наводнение (с)	[navodnénie]
aardbeving (de)	землетрясение (с)	[zemletrisénie]
aardschok (de)	толчок (м)	[toltʃók]
epicentrum (het)	эпицентр (м)	[ɛpitsǽntr]
uitbarsting (de)	извержение (с)	[izverʒǽnie]
lava (de)	лава (ж)	[láva]
wervelwind (de)	смерч (м)	[smértʃ]
windhoos (de)	торнадо (м)	[tornádo]
tyfoon (de)	тайфун (м)	[tajfún]
orkaan (de)	ураган (м)	[uragán]
storm (de)	буря (ж)	[búrʲa]
tsunami (de)	цунами (с)	[tsunámi]
cycloon (de)	циклон (м)	[tsiklón]
onweer (het)	непогода (ж)	[nepogóda]
brand (de)	пожар (м)	[poʒár]
ramp (de)	катастрофа (ж)	[katastrófa]
meteoriet (de)	метеорит (м)	[meteorít]
lawine (de)	лавина (ж)	[lavína]
sneeuwverschuiving (de)	обвал (м)	[obvál]
sneeuwjacht (de)	метель (ж)	[metélʲ]
sneeuwstorm (de)	вьюга (ж)	[vjúga]

Fauna

roofdier (het)	хищник (м)	[híʃnik]
tijger (de)	тигр (м)	[tígr]
leeuw (de)	лев (м)	[léf]
wolf (de)	волк (м)	[vólk]
vos (de)	лиса (ж)	[lisá]

jaguar (de)	ягуар (м)	[jɪguár]
luipaard (de)	леопард (м)	[leɔpárd]
jachtluipaard (de)	гепард (м)	[gepárd]

panter (de)	пантера (ж)	[pantǽra]
poema (de)	пума (ж)	[púma]
sneeuwluipaard (de)	снежный барс (м)	[snéʒnij bárs]
lynx (de)	рысь (ж)	[rĩsʲ]

coyote (de)	койот (м)	[kɔjót]
jakhals (de)	шакал (м)	[ʃakál]
hyena (de)	гиена (ж)	[giéna]

dier (het)	животное (с)	[ʒivótnɔe]
beest (het)	зверь (м)	[zvérʲ]

eekhoorn (de)	белка (ж)	[bélka]
egel (de)	ёж (м)	[jóʃ]
haas (de)	заяц (м)	[záɪts]
konijn (het)	кролик (м)	[królik]

das (de)	барсук (м)	[barsúk]
wasbeer (de)	енот (м)	[enót]
hamster (de)	хомяк (м)	[hɔmʲák]
marmot (de)	сурок (м)	[surók]

mol (de)	крот (м)	[krót]
muis (de)	мышь (ж)	[mĩʃ]
rat (de)	крыса (ж)	[krĩsa]
vleermuis (de)	летучая мышь (ж)	[letútʃaja mĩʃ]

hermelijn (de)	горностай (м)	[gɔrnɔstáj]
sabeldier (het)	соболь (м)	[sóbɔlʲ]
marter (de)	куница (ж)	[kunítsa]
wezel (de)	ласка (ж)	[láska]
nerts (de)	норка (ж)	[nórka]

bever (de)	бобр (м)	[bóbr]
otter (de)	выдра (ж)	[vīdra]

paard (het)	лошадь (ж)	[lóʃatʲ]
eland (de)	лось (м)	[lósʲ]
hert (het)	олень (м)	[ɔlénʲ]
kameel (de)	верблюд (м)	[verblʲúd]

bizon (de)	бизон (м)	[bizón]
wisent (de)	зубр (м)	[zúbr]
buffel (de)	буйвол (м)	[bújvɔl]

zebra (de)	зебра (ж)	[zébra]
antilope (de)	антилопа (ж)	[antilópa]
ree (de)	косуля (ж)	[kɔsúlʲa]
damhert (het)	лань (ж)	[lánʲ]
gems (de)	серна (ж)	[sérna]
everzwijn (het)	кабан (м)	[kabán]

walvis (de)	кит (м)	[kít]
rob (de)	тюлень (м)	[tʲulénʲ]
walrus (de)	морж (м)	[mórʃ]
zeebeer (de)	котик (м)	[kótik]
dolfijn (de)	дельфин (м)	[delʲfín]

beer (de)	медведь (м)	[medvétʲ]
ijsbeer (de)	белый медведь (м)	[bélʲij medvétʲ]
panda (de)	панда (ж)	[pánda]

aap (de)	обезьяна (ж)	[ɔbezjána]
chimpansee (de)	шимпанзе (с)	[ʃimpanzǽ]
orang-oetan (de)	орангутанг (м)	[ɔrangutáng]
gorilla (de)	горилла (ж)	[gɔríla]
makaak (de)	макака (ж)	[makáka]
gibbon (de)	гиббон (м)	[gibón]

olifant (de)	слон (м)	[slón]
neushoorn (de)	носорог (м)	[nɔsɔróg]
giraffe (de)	жираф (м)	[ʒiráf]
nijlpaard (het)	бегемот (м)	[begemót]

kangoeroe (de)	кенгуру (м)	[kengurú]
koala (de)	коала (ж)	[kɔála]

mangoest (de)	мангуст (м)	[mangúst]
chinchilla (de)	шиншилла (ж)	[ʃinʃīla]
stinkdier (het)	скунс (м)	[skúns]
stekelvarken (het)	дикобраз (м)	[dikɔbrás]

176. Huisdieren

poes (de)	кошка (ж)	[kóʃka]
kater (de)	кот (м)	[kót]
paard (het)	лошадь (ж)	[lóʃatʲ]

| hengst (de) | жеребец (м) | [ʒerebéts] |
| merrie (de) | кобыла (ж) | [kɔbɨ́la] |

koe (de)	корова (ж)	[kɔróva]
bul, stier (de)	бык (м)	[bɨ́k]
os (de)	вол (м)	[vól]

schaap (het)	овца (ж)	[ɔftsá]
ram (de)	баран (м)	[barán]
geit (de)	коза (ж)	[kɔzá]
bok (de)	козёл (м)	[kɔzǿl]

| ezel (de) | осёл (м) | [ɔsǿl] |
| muilezel (de) | мул (м) | [múl] |

varken (het)	свинья (ж)	[svinjá]
biggetje (het)	поросёнок (м)	[pɔrɔsǿnɔk]
konijn (het)	кролик (м)	[królik]

| kip (de) | курица (ж) | [kúritsa] |
| haan (de) | петух (м) | [petúh] |

eend (de)	утка (ж)	[útka]
woerd (de)	селезень (м)	[sélezenʲ]
gans (de)	гусь (л)	[gúsʲ]

| kalkoen haan (de) | индюк (м) | [indʲúk] |
| kalkoen (de) | индюшка (ж) | [indʲúʃka] |

huisdieren (mv.)	домашние животные (с мн)	[dɔmáʃnie ʒivótnie]
tam (bijv. hamster)	ручной	[rutʃnój]
temmen (tam maken)	приручать (нсв, пх)	[prirutʃátʲ]
fokken (bijv. paarden ~)	выращивать (нсв, пх)	[viráʃivatʲ]

boerderij (de)	ферма (ж)	[férma]
gevogelte (het)	домашняя птица (ж)	[dɔmáʃnʲaja ptítsa]
rundvee (het)	скот (м)	[skót]
kudde (de)	стадо (с)	[stádɔ]

paardenstal (de)	конюшня (ж)	[kɔnʲúʃnʲa]
zwijnenstal (de)	свинарник (м)	[svinárnik]
koeienstal (de)	коровник (м)	[kɔróvnik]
konijnenhok (het)	крольчатник (м)	[krɔlʲtʃátnik]
kippenhok (het)	курятник (м)	[kurʲátnik]

177. Honden. Hondenrassen

hond (de)	собака (ж)	[sɔbáka]
herdershond (de)	овчарка (ж)	[ɔftʃárka]
Duitse herdershond (de)	немецкая овчарка (ж)	[nemétskaja ɔftʃárka]
poedel (de)	пудель (м)	[púdelʲ]
teckel (de)	такса (ж)	[táksa]
buldog (de)	бульдог (м)	[bulʲdóg]
boxer (de)	боксёр (м)	[bɔksǿr]

mastiff (de)	мастиф (м)	[mastíf]
rottweiler (de)	ротвейлер (м)	[rɔtvéjler]
doberman (de)	доберман (м)	[dɔbermán]

basset (de)	бассет (м)	[bássɛt]
bobtail (de)	бобтейл (м)	[bɔptǽjl]
dalmatiër (de)	далматинец (м)	[dalmatínets]
cockerspaniël (de)	кокер-спаниель (м)	[kóker-spaniélʲ]

Newfoundlander (de)	ньюфаундленд (м)	[njufáundlend]
sint-bernard (de)	сенбернар (м)	[senbernár]

husky (de)	хаски (м)	[háski]
chowchow (de)	чау-чау (м)	[tʃáu-tʃáu]
spits (de)	шпиц (м)	[ʃpíts]
mopshond (de)	мопс (м)	[móps]

178. Dierengeluiden

geblaf (het)	лай (м)	[láj]
blaffen (ww)	лаять (нсв, нпх)	[lájɪtʲ]
miauwen (ww)	мяукать (нсв, нпх)	[mɪúkatʲ]
spinnen (katten)	мурлыкать (нсв, нпх)	[murlíkatʲ]

loeien (ov. een koe)	мычать (нсв, нпх)	[mɪtʃátʲ]
brullen (stier)	реветь (нсв, нпх)	[revétʲ]
grommen (ov. de honden)	рычать (нсв, нпх)	[rɪtʃátʲ]

gehuil (het)	вой (м)	[vój]
huilen (wolf, enz.)	выть (нсв, нпх)	[vítʲ]
janken (ov. een hond)	скулить (нсв, нпх)	[skulítʲ]

mekkeren (schapen)	блеять (нсв, нпх)	[bléjatʲ]
knorren (varkens)	хрюкать (нсв, нпх)	[hrʲúkatʲ]
gillen (bijv. varken)	визжать (нсв, нпх)	[viʒʒátʲ]

kwaken (kikvorsen)	квакать (нсв, нпх)	[kvákatʲ]
zoemen (hommel, enz.)	жужжать (нсв, нпх)	[ʒuʒʒátʲ]
tjirpen (sprinkhanen)	стрекотать (нсв, нпх)	[strekɔtátʲ]

179. Vogels

vogel (de)	птица (ж)	[ptítsa]
duif (de)	голубь (м)	[gólupʲ]
mus (de)	воробей (м)	[vɔrɔbéj]
koolmees (de)	синица (ж)	[sinítsa]
ekster (de)	сорока (ж)	[sɔróka]

raaf (de)	ворон (м)	[vórɔn]
kraai (de)	ворона (ж)	[vɔróna]
kauw (de)	галка (ж)	[gálka]
roek (de)	грач (м)	[grátʃ]

eend (de)	утка (ж)	[útka]
gans (de)	гусь (м)	[gús']
fazant (de)	фазан (м)	[fazán]

arend (de)	орёл (м)	[ɔrǿl]
havik (de)	ястреб (м)	[jástreb]
valk (de)	сокол (м)	[sókɔl]
gier (de)	гриф (м)	[gríf]
condor (de)	кондор (м)	[kóndɔr]

zwaan (de)	лебедь (м)	[lébet']
kraanvogel (de)	журавль (м)	[ʒurávl']
ooievaar (de)	аист (м)	[áist]
papegaai (de)	попугай (м)	[pɔpugáj]
kolibrie (de)	колибри (ж)	[kɔlíbri]
pauw (de)	павлин (м)	[pavlín]

struisvogel (de)	страус (м)	[stráus]
reiger (de)	цапля (ж)	[tsápl'a]
flamingo (de)	фламинго (с)	[flamíngɔ]
pelikaan (de)	пеликан (м)	[pelikán]

nachtegaal (de)	соловей (м)	[sɔlɔvéj]
zwaluw (de)	ласточка (ж)	[lástɔtʃka]
lijster (de)	дрозд (м)	[drózd]
zanglijster (de)	певчий дрозд (м)	[péftʃij drózd]
merel (de)	чёрный дрозд (м)	[tʃórnij drózd]

gierzwaluw (de)	стриж (м)	[stríʃ]
leeuwerik (de)	жаворонок (м)	[ʒávɔrɔnɔk]
kwartel (de)	перепел (м)	[pérepel]

specht (de)	дятел (м)	[d'átel]
koekoek (de)	кукушка (ж)	[kukúʃka]
uil (de)	сова (ж)	[sɔvá]
oehoe (de)	филин (м)	[fílin]
auerhoen (het)	глухарь (м)	[gluhár']
korhoen (het)	тетерев (м)	[téteref]
patrijs (de)	куропатка (ж)	[kurɔpátka]

spreeuw (de)	скворец (м)	[skvɔréts]
kanarie (de)	канарейка (ж)	[kanaréjka]
hazelhoen (het)	рябчик (м)	[r'áptʃik]
vink (de)	зяблик (v)	[z'áblik]
goudvink (de)	снегирь (м)	[snegír']

meeuw (de)	чайка (ж)	[tʃájka]
albatros (de)	альбатрос (м)	[al'batrós]
pinguïn (de)	пингвин (м)	[pingvín]

180. Vogels. Zingen en geluiden

| fluiten, zingen (ww) | петь (нсв, н/пк) | [pét'] |
| schreeuwen (dieren, vogels) | кричать (нсв, нпх) | [kritʃát'] |

| kraaien (ov. een haan) | кукарекать (нсв, нпх) | [kukarékatʲ] |
| kukeleku | кукареку (с) | [kukarekú] |

klokken (hen)	кудахтать (нсв, нпх)	[kudáhtatʲ]
krassen (kraai)	каркать (нсв, нпх)	[kárkatʲ]
kwaken (eend)	крякать (нсв, нпх)	[krʲákatʲ]
piepen (kuiken)	пищать (нсв, нпх)	[piʃátʲ]
tjilpen (bijv. een mus)	чирикать (нсв, нпх)	[ʧiríkatʲ]

181. Vis. Zeedieren

brasem (de)	лещ (м)	[léʃ]
karper (de)	карп (м)	[kárp]
baars (de)	окунь (м)	[ókunʲ]
meerval (de)	сом (м)	[sóm]
snoek (de)	щука (ж)	[ʃʲúka]

| zalm (de) | лосось (м) | [losósʲ] |
| steur (de) | осётр (м) | [osǿtr] |

| haring (de) | сельдь (ж) | [sélʲtʲ] |
| atlantische zalm (de) | сёмга (ж) | [sǿmga] |

| makreel (de) | скумбрия (ж) | [skúmbrija] |
| platvis (de) | камбала (ж) | [kámbala] |

| snoekbaars (de) | судак (м) | [sudák] |
| kabeljauw (de) | треска (ж) | [treská] |

| tonijn (de) | тунец (м) | [tunéʦ] |
| forel (de) | форель (ж) | [forǽlʲ] |

| paling (de) | угорь (м) | [úgorʲ] |
| sidderrog (de) | электрический скат (м) | [ɛlektríʧeskij skát] |

| murene (de) | мурена (ж) | [muréna] |
| piranha (de) | пиранья (ж) | [piránja] |

haai (de)	акула (ж)	[akúla]
dolfijn (de)	дельфин (м)	[delʲfín]
walvis (de)	кит (м)	[kít]

krab (de)	краб (м)	[kráb]
kwal (de)	медуза (ж)	[medúza]
octopus (de)	осьминог (м)	[osʲminóg]

zeester (de)	морская звезда (ж)	[morskája zvezdá]
zee-egel (de)	морской ёж (м)	[morskój jóʃ]
zeepaardje (het)	морской конёк (м)	[morskój konǿk]

oester (de)	устрица (ж)	[ústriʦa]
garnaal (de)	креветка (ж)	[krevétka]
kreeft (de)	омар (м)	[omár]
langoest (de)	лангуст (м)	[langúst]

182. Amfibieën. Reptielen

slang (de)	змея (ж)	[zmejá]
giftig (slang)	ядовитый	[jıdɔvítij]
adder (de)	гадюка (ж)	[gadʲúka]
cobra (de)	кобра (ж)	[kóbra]
python (de)	питон (м)	[pitón]
boa (de)	удав (м)	[udáf]
ringslang (de)	уж (л)	[úʃ]
ratelslang (de)	гремучая змея (ж)	[gremútʃaja zmejá]
anaconda (de)	анаконда (ж)	[anakónda]
hagedis (de)	ящерица (ж)	[jáʃʲeritsa]
leguaan (de)	игуана (ж	[iguána]
varaan (de)	варан (м)	[varán]
salamander (de)	саламандра (ж)	[salamándra]
kameleon (de)	хамелеон (м)	[hameleón]
schorpioen (de)	скорпион (м)	[skɔrpión]
schildpad (de)	черепаха (ж)	[tʃerepáha]
kikker (de)	лягушка (ж)	[lıgúʃka]
pad (de)	жаба (ж)	[ʒába]
krokodil (de)	крокодил (м)	[krɔkɔdíl]

183. Insecten

insect (het)	насекомое (с)	[nasekómɔe]
vlinder (de)	бабочка (ж)	[bábɔtʃka]
mier (de)	муравей (м)	[muravéj]
vlieg (de)	муха (ж	[múha]
mug (de)	комар (м)	[kɔmár]
kever (de)	жук (м)	[ʒúk]
wesp (de)	оса (ж)	[ɔsá]
bij (de)	пчела (ж)	[ptʃelá]
hommel (de)	шмель (м)	[ʃmélʲ]
horzel (de)	овод (м)	[óvɔd]
spin (de)	паук (м)	[paúk]
spinnenweb (het)	паутина (ж)	[pautína]
libel (de)	стрекоза (ж)	[strekɔzá]
sprinkhaan (de)	кузнечик (м)	[kuznétʃik]
nachtvlinder (de)	мотылёк (м)	[mɔtɨlǿk]
kakkerlak (de)	таракан (м)	[tarakán]
teek (de)	клещ (м)	[kléʃʲ]
vlo (de)	блоха (ж)	[blɔhá]
kriebelmug (de)	мошка (ж)	[móʃka]
treksprinkhaan (de)	саранча (ж)	[sarantʃá]
slak (de)	улитка (ж)	[ulítka]

krekel (de)	сверчок (м)	[svertʃók]
glimworm (de)	светлячок (м)	[svetlıtʃók]
lieveheersbeestje (het)	божья коровка (ж)	[bóʒja kɔrófka]
meikever (de)	майский жук (м)	[májskij ʒúk]

bloedzuiger (de)	пиявка (ж)	[pijáfka]
rups (de)	гусеница (ж)	[gúsenitsa]
aardworm (de)	червь (м)	[tʃérfʲ]
larve (de)	личинка (ж)	[litʃínka]

184. Dieren. Lichaamsdelen

snavel (de)	клюв (м)	[klʲúf]
vleugels (mv.)	крылья (с мн)	[krílja]
poot (ov. een vogel)	лапа (ж)	[lápa]
verenkleed (het)	оперение (с)	[ɔperénie]
veer (de)	перо (с)	[peró]
kuifje (het)	хохолок (м)	[hɔhɔlók]

kieuwen (mv.)	жабры (мн)	[ʒábrɨ]
kuit, dril (de)	икра (ж)	[ikrá]
larve (de)	личинка (ж)	[litʃínka]
vin (de)	плавник (м)	[plavník]
schubben (mv.)	чешуя (ж)	[tʃeʃujá]

slagtand (de)	клык (м)	[klík]
poot (bijv. ~ van een kat)	лапа (ж)	[lápa]
muil (de)	морда (ж)	[mórda]
bek (mond van dieren)	пасть (ж)	[pástʲ]
staart (de)	хвост (м)	[hvóst]
snorharen (mv.)	усы (м мн)	[usɨ́]

| hoef (de) | копыто (с) | [kɔpɨ́tɔ] |
| hoorn (de) | рог (м) | [róg] |

schild (schildpad, enz.)	панцирь (м)	[pántsirʲ]
schelp (de)	ракушка (ж)	[rakúʃka]
eierschaal (de)	скорлупа (ж)	[skɔrlupá]

| vacht (de) | шерсть (ж) | [ʃǽrstʲ] |
| huid (de) | шкура (ж) | [ʃkúra] |

185. Dieren. Leefomgevingen

| leefgebied (het) | среда (ж) обитания | [sredá ɔbitánija] |
| migratie (de) | миграция (ж) | [migrátsija] |

berg (de)	гора (ж)	[gɔrá]
rif (het)	риф (м)	[ríf]
klip (de)	скала (ж)	[skalá]
bos (het)	лес (м)	[lés]
jungle (de)	джунгли (мн)	[dʒúngli]

| savanne (de) | саванна (ж) | [savána] |
| toendra (de) | тундра (ж) | [túndra] |

steppe (de)	степь (ж)	[stépʲ]
woestijn (de)	пустыня (ж)	[pustīnʲa]
oase (de)	оазис (м)	[ɔázis]

zee (de)	море (с)	[móre]
meer (het)	озеро (с)	[ózerɔ]
oceaan (de)	океан (м)	[ɔkeán]

moeras (het)	болото (с)	[bɔlótɔ]
zoetwater- (abn)	пресноводный	[presnɔvódnij]
vijver (de)	пруд (м)	[prúd]
rivier (de)	река (ж)	[reká]

berenhol (het)	берлога (ж)	[berlóga]
nest (het)	гнездо (с)	[gnezdó]
boom holte (de)	дупло (с)	[dupló]
hol (het)	нора (ж)	[nɔrá]
mierenhoop (de)	муравейник (м)	[muravéjnik]

Flora

boom (de)	дерево (c)	[dérevɔ]
loof- (abn)	лиственное	[lístvenɔe]
dennen- (abn)	хвойное	[hvójnɔe]
groenblijvend (bn)	вечнозелёное	[vetʃnɔ·zelǿnɔe]

appelboom (de)	яблоня (ж)	[jáblɔnʲa]
perenboom (de)	груша (ж)	[grúʃa]
zoete kers (de)	черешня (ж)	[tʃeréʃnʲa]
zure kers (de)	вишня (ж)	[víʃnʲa]
pruimelaar (de)	слива (ж)	[slíva]

berk (de)	берёза (ж)	[berǿza]
eik (de)	дуб (м)	[dúb]
linde (de)	липа (ж)	[lípa]
esp (de)	осина (ж)	[ɔsína]
esdoorn (de)	клён (м)	[klǿn]
spar (de)	ель (ж)	[élʲ]
den (de)	сосна (ж)	[sɔsná]
lariks (de)	лиственница (ж)	[lístvenitsa]
zilverspar (de)	пихта (ж)	[píhta]
ceder (de)	кедр (м)	[kédr]

populier (de)	тополь (м)	[tópɔlʲ]
lijsterbes (de)	рябина (ж)	[rıbína]
wilg (de)	ива (ж)	[íva]
els (de)	ольха (ж)	[ɔlʲhá]
beuk (de)	бук (м)	[búk]
iep (de)	вяз (м)	[vʲás]
es (de)	ясень (м)	[jásenʲ]
kastanje (de)	каштан (м)	[kaʃtán]

magnolia (de)	магнолия (ж)	[magnólija]
palm (de)	пальма (ж)	[pálʲma]
cipres (de)	кипарис (м)	[kiparís]

mangrove (de)	мангровое дерево (c)	[mángrɔvɔe dérevɔ]
baobab (apenbroodboom)	баобаб (м)	[baɔbáb]
eucalyptus (de)	эвкалипт (м)	[ɛfkalípt]
mammoetboom (de)	секвойя (ж)	[sekvója]

| struik (de) | куст (м) | [kúst] |
| heester (de) | кустарник (м) | [kustárnik] |

| wijnstok (de) | виноград (м) | [vinɔgrád] |
| wijngaard (de) | виноградник (м) | [vinɔgrádnik] |

frambozenstruik (de)	малина (ж)	[malína]
zwarte bes (de)	чёрная смородина (ж)	[ʧórnaja smɔródina]
rode bessenstruik (de)	красная смородина (ж)	[krásnaja smɔródina]
kruisbessenstruik (de)	крыжовник (м)	[kriʒóvnik]

acacia (de)	акация (ж)	[akátsija]
zuurbes (de)	барбарис (м)	[barbarís]
jasmijn (de)	жасмин (м)	[ʒasmín]

jeneverbes (de)	можжевельник (м)	[mɔʒevélʲnik]
rozenstruik (de)	розовый куст (м)	[rózɔvij kúst]
hondsroos (de)	шиповник (м)	[ʃipóvnik]

188. Champignons

paddenstoel (de)	гриб (м)	[gríb]
eetbare paddenstoel (de)	съедобный гриб (м)	[sjedóbnij gríb]
giftige paddenstoel (de)	ядовитый гриб (м)	[jɪdɔvítij gríb]
hoed (de)	шляпка (ж)	[ʃlʲápka]
steel (de)	ножка (ж)	[nóʃka]

eekhoorntjesbrood (het)	белый гриб (м)	[bélij gríb]
rosse populierboleet (de)	подосиновик (м)	[pɔdɔsínɔvik]
berkenboleet (de)	подберёзовик (м)	[pɔdberózɔvik]
cantharel (de)	лисичка (ж)	[lisíʧka]
russula (de)	сыроежка (ж)	[sirɔéʃka]

morielje (de)	сморчок (м)	[smɔrʧók]
vliegenzwam (de)	мухомор (м)	[muhɔmór]
groene knolamaniet (de)	поганка (ж)	[pɔgánka]

189. Vruchten. Bessen

appel (de)	яблоко (с)	[jáblɔkɔ]
peer (de)	груша (ж)	[grúʃa]
pruim (de)	слива (ж)	[slíva]

aardbei (de)	клубника (ж)	[klubníka]
zure kers (de)	вишня (ж)	[víʃnʲa]
zoete kers (de)	черешня (ж)	[ʧeréʃnʲa]
druif (de)	виноград (м)	[vinɔgrád]

framboos (de)	малина (ж)	[malína]
zwarte bes (de)	чёрная смородина (ж)	[ʧórnaja smɔródina]
rode bes (de)	красная смородина (ж)	[krásnaja smɔródina]
kruisbes (de)	крыжовник (м)	[kriʒóvnik]
veenbes (de)	клюква (ж)	[klʲúkva]
sinaasappel (de)	апельсин (м)	[apelʲsín]
mandarijn (de)	мандарин (м)	[mandarín]

ananas (de)	ананас (м)	[ananás]
banaan (de)	банан (м)	[banán]
dadel (de)	финик (м)	[fínik]

citroen (de)	лимон (м)	[limón]
abrikoos (de)	абрикос (м)	[abrikós]
perzik (de)	персик (м)	[pérsik]
kiwi (de)	киви (м)	[kívi]
grapefruit (de)	грейпфрут (м)	[gréjpfrut]

bes (de)	ягода (ж)	[jágɔda]
bessen (mv.)	ягоды (ж мн)	[jágɔdi]
vossenbes (de)	брусника (ж)	[brusníka]
bosaardbei (de)	земляника (ж)	[zemlɪníka]
blauwe bosbes (de)	черника (ж)	[ʧerníka]

190. Bloemen. Planten

| bloem (de) | цветок (м) | [ʦvetók] |
| boeket (het) | букет (м) | [bukét] |

roos (de)	роза (ж)	[róza]
tulp (de)	тюльпан (м)	[tʲulʲpán]
anjer (de)	гвоздика (ж)	[gvɔzdíka]
gladiool (de)	гладиолус (м)	[gladiólus]

korenbloem (de)	василёк (м)	[vasilók]
klokje (het)	колокольчик (м)	[kɔlɔkólʲʧik]
paardenbloem (de)	одуванчик (м)	[ɔduvánʧik]
kamille (de)	ромашка (ж)	[rɔmáʃka]

aloë (de)	алоэ (с)	[alóɛ]
cactus (de)	кактус (м)	[káktus]
ficus (de)	фикус (м)	[fíkus]

lelie (de)	лилия (ж)	[lílija]
geranium (de)	герань (ж)	[geránʲ]
hyacint (de)	гиацинт (м)	[giaʦīnt]

mimosa (de)	мимоза (ж)	[mimóza]
narcis (de)	нарцисс (м)	[narʦīs]
Oost-Indische kers (de)	настурция (ж)	[nastúrʦija]

orchidee (de)	орхидея (ж)	[ɔrhidéja]
pioenroos (de)	пион (м)	[pión]
viooltje (het)	фиалка (ж)	[fiálka]

driekleurig viooltje (het)	анютины глазки (мн)	[anʲútinɨ gláski]
vergeet-mij-nietje (het)	незабудка (ж)	[nezabútka]
madeliefje (het)	маргаритка (ж)	[margarítka]

papaver (de)	мак (м)	[mák]
hennep (de)	конопля (ж)	[kɔnɔplʲá]
munt (de)	мята (ж)	[mʲáta]

| lelietje-van-dalen (het) | ландыш (м) | [lándiʃ] |
| sneeuwklokje (het) | псдснежник (м) | [potsnéʒnik] |

brandnetel (de)	крапива (ж)	[krapíva]
veldzuring (de)	щавель (м)	[ʃʲavélʲ]
waterlelie (de)	кувшинка (ж)	[kufʃĩnka]
varen (de)	папоротник (м)	[páportnik]
korstmos (het)	лишайник (м)	[liʃájnik]

oranjerie (de)	оранжерея (ж)	[oranʒeréja]
gazon (het)	газон (м)	[gazón]
bloemperk (het)	клумба (ж)	[klúmba]

plant (de)	растение (с)	[rasténie]
gras (het)	трава (ж)	[travá]
grasspriet (de)	травинка (ж)	[travínka]

blad (het)	лист (м)	[líst]
bloemblad (het)	лепесток (м)	[lepestók]
stengel (de)	стебель (м)	[stébelʲ]
knol (de)	клубень (м)	[klúbenʲ]

| scheut (de) | росток (м) | [rostók] |
| doorn (de) | шип (м | [ʃĩp] |

bloeien (ww)	цвести (нсв, нпх)	[tsvestí]
verwelken (ww)	вянуть (нсв, нпх)	[vʲánutʲ]
geur (de)	запах (m)	[zápah]
snijden (bijv. bloemen ~)	срезать (св, пх)	[srézatʲ]
plukken (bloemen ~)	сорвать (св, пх)	[sorvátʲ]

191. Granen, graankorrels

graan (het)	зерно (с	[zernó]
graangewassen (mv.)	зерновые растения (с мн)	[zernovīe rasténija]
aar (de)	колос (м	[kólos]

tarwe (de)	пшеница (ж)	[pʃɛnítsa]
rogge (de)	рожь (ж)	[róʃ]
haver (de)	овёс (м)	[ovǿs]
gierst (de)	просо (с)	[prósɔ]
gerst (de)	ячмень (м)	[jɪtʃménʲ]

maïs (de)	кукуруза (ж)	[kukurúza]
rijst (de)	рис (м)	[rís]
boekweit (de)	гречиха (ж	[gretʃíha]

erwt (de)	горох (м)	[goróh]
nierboon (de)	фасоль (ж)	[fasólʲ]
soja (de)	соя (ж)	[sója]
linze (de)	чечевица (ж)	[tʃetʃevítsa]
bonen (mv.)	бобы (мн)	[bobī]

REGIONALE AARDRIJKSKUNDE

Landen. Nationaliteiten

192. Politiek. Overheid. Deel 1

politiek (de)	политика (ж)	[polítika]
politiek (bn)	политический	[politítʃeskij]
politicus (de)	политик (м)	[polítik]

staat (land)	государство (с)	[gɔsudárstvɔ]
burger (de)	гражданин (м)	[graʒdanín]
staatsburgerschap (het)	гражданство (с)	[graʒdánstvɔ]

| nationaal wapen (het) | национальный герб (м) | [natsɨonálʲnɨj gérb] |
| volkslied (het) | государственный гимн (м) | [gɔsudárstvenɨj gímn] |

regering (de)	правительство (с)	[pravítelʲstvɔ]
staatshoofd (het)	руководитель (м) страны	[rukɔvɔdítelʲ stranɨ̄]
parlement (het)	парламент (м)	[parláment]
partij (de)	партия (ж)	[pártija]

| kapitalisme (het) | капитализм (м) | [kapitalízm] |
| kapitalistisch (bn) | капиталистический | [kapitalistítʃeskij] |

| socialisme (het) | социализм (м) | [sɔtsɨalízm] |
| socialistisch (bn) | социалистический | [sɔtsɨalistítʃeskij] |

communisme (het)	коммунизм (м)	[kɔmunízm]
communistisch (bn)	коммунистический	[kɔmunistítʃeskij]
communist (de)	коммунист (м)	[kɔmuníst]

democratie (de)	демократия (ж)	[demɔkrátija]
democraat (de)	демократ (м)	[demɔkrát]
democratisch (bn)	демократический	[demɔkratítʃeskij]
democratische partij (de)	демократическая партия (ж)	[demɔkratítʃeskaja pártija]

| liberaal (de) | либерал (м) | [liberál] |
| liberaal (bn) | либеральный | [liberálʲnij] |

| conservator (de) | консерватор (м) | [kɔnservátɔr] |
| conservatief (bn) | консервативный | [kɔnservatívnij] |

republiek (de)	республика (ж)	[respúblika]
republikein (de)	республиканец (м)	[respublikánets]
Republikeinse Partij (de)	республиканская партия (ж)	[respublikánskaja pártija]

| verkiezing (de) | выборы (мн) | [vɨ̄bɔrɨ] |

kiezen (ww)	выбирать (нсв, пх)	[vibirátʲ]
kiezer (de)	избиратель (м)	[izbirátelʲ]
verkiezingscampagne (de)	избирательная кампания (ж)	[izbirátelʲnaja kampánija]

stemming (de)	голосование (с)	[gɔlɔsɔvánie]
stemmen (ww)	гслосовать (нсв, нпх)	[gɔlɔsɔvátʲ]
stemrecht (het)	право (с) голоса	[právɔ gólɔsa]

kandidaat (de)	кандидат (м)	[kandidát]
zich kandideren	баплотироваться (нсв, возв)	[balɔtírɔvatsa]
campagne (de)	кампания (ж)	[kampánija]

| oppositie- (abn) | оппозиционный | [ɔpɔzitsiónnij] |
| oppositie (de) | оппозиция (ж) | [ɔpɔzítsija] |

bezoek (het)	визит (м)	[vizít]
officieel bezoek (het)	официальный визит (м)	[ɔfitsiálʲnij vizít]
internationaal (bn)	международный	[meʒdunaródnij]

| onderhandelingen (mv.) | переговоры (мн) | [peregɔvóri] |
| onderhandelen (ww) | вести переговоры | [vestí peregɔvóri] |

193. Politiek. Overheid. Deel 2

maatschappij (de)	общество (с)	[ópʃestvɔ]
grondwet (de)	конституция (ж)	[kɔnstitútsija]
macht (politieke ~)	власть (ж)	[vlástʲ]
corruptie (de)	коррупция (ж)	[kɔrúptsija]

| wet (de) | закон (м) | [zakón] |
| wettelijk (bn) | законный | [zakónnij] |

| rechtvaardigheid (de) | справедливость (ж) | [spravedlívɔstʲ] |
| rechtvaardig (bn) | справедливый | [spravedlívij] |

comité (het)	комитет (м)	[kɔmitét]
wetsvoorstel (het)	законопроект (м)	[zakónɔ·prɔǽkt]
begroting (de)	бюджет (м)	[bʲudʒǽt]
beleid (het)	политика (ж)	[pɔlítika]
hervorming (de)	реформа (ж)	[refórma]
radicaal (bn)	радикальный	[radikálʲnij]

macht (vermogen)	сила (ж)	[síla]
machtig (bn)	сильный	[sílʲnij]
aanhanger (de)	сторонник (м)	[storónnik]
invloed (de)	влияние (с)	[vlijánie]

regime (het)	режим (м)	[reʒĭm]
conflict (het)	конфликт (м)	[kɔnflíkt]
samenzwering (de)	заговор (м)	[zágɔvɔr]
provocatie (de)	провокация (ж)	[prɔvɔkátsija]
omverwerpen (ww)	свергнуть (св, пх)	[svérgnutʲ]
omverwerping (de)	свержение (с)	[sverʒǽnie]

revolutie (de)	революция (ж)	[revɔlʲútsija]
staatsgreep (de)	переворот (м)	[perevɔrót]
militaire coup (de)	военный переворот (м)	[vɔénnij perevɔrót]

crisis (de)	кризис (м)	[krízis]
economische recessie (de)	экономический спад (м)	[ɛkɔnɔmítʃeskij spád]
betoger (de)	демонстрант (м)	[demɔnstránt]
betoging (de)	демонстрация (ж)	[demɔnstrátsija]
krijgswet (de)	военное положение (с)	[vɔénnɔe pɔlɔʒǽnie]
militaire basis (de)	военная база (ж)	[vɔénnaja báza]

| stabiliteit (de) | стабильность (ж) | [stabílʲnɔstʲ] |
| stabiel (bn) | стабильный | [stabílʲnij] |

| uitbuiting (de) | эксплуатация (ж) | [ɛkspluatátsija] |
| uitbuiten (ww) | эксплуатировать (нсв, пх) | [ɛkspluatírɔvatʲ] |

racisme (het)	расизм (м)	[rasízm]
racist (de)	расист (м)	[rasíst]
fascisme (het)	фашизм (м)	[faʃízm]
fascist (de)	фашист (м)	[faʃíst]

194. Landen. Diversen

vreemdeling (de)	иностранец (м)	[inɔstránets]
buitenlands (bn)	иностранный	[inɔstránnij]
in het buitenland (bw)	за границей	[za granítsɛj]

emigrant (de)	эмигрант (м)	[ɛmigránt]
emigratie (de)	эмиграция (ж)	[ɛmigrátsija]
emigreren (ww)	эмигрировать (н/св, нпх)	[ɛmigrírɔvatʲ]

Westen (het)	Запад (м)	[západ]
Oosten (het)	Восток (м)	[vɔstók]
Verre Oosten (het)	Дальний Восток (м)	[dálʲnij vɔstók]

beschaving (de)	цивилизация (ж)	[tsivilizátsija]
mensheid (de)	человечество (с)	[tʃelɔvétʃestvɔ]
wereld (de)	мир (м)	[mír]
vrede (de)	мир (м)	[mír]
wereld- (abn)	мировой	[mirɔvój]

vaderland (het)	родина (ж)	[ródina]
volk (het)	народ (м)	[naród]
bevolking (de)	население (с)	[naselénie]
mensen (mv.)	люди (м мн)	[lʲúdi]
natie (de)	нация (ж)	[nátsija]
generatie (de)	поколение (с)	[pɔkɔlénie]

gebied (bijv. bezette ~en)	территория (ж)	[teritórija]
regio, streek (de)	регион (м)	[región]
deelstaat (de)	штат (м)	[ʃtát]
traditie (de)	традиция (ж)	[tradítsija]
gewoonte (de)	обычай (м)	[ɔbɨ́tʃaj]

ecologie (de)	экология (ж)	[ɛkɔlógija]
Indiaan (de)	индеец (м)	[indéets]
zigeuner (de)	цыган (м)	[tsigán]
zigeunerin (de)	цыганка (ж)	[tsigánka]
zigeuner- (abn)	цыганский	[tsigánskij]

rijk (het)	империя (ж)	[impérija]
kolonie (de)	колония (ж)	[kɔlónija]
slavernij (de)	рабство (с)	[rábstvɔ]
invasie (de)	нашествие (с)	[naʃǽstvie]
hongersnood (de)	голод (м)	[gólɔd]

195. Grote religieuze groepen. Bekentenissen

religie (de)	религия (ж)	[relígija]
religieus (bn)	религиозный	[religióznij]

geloof (het)	верование (с)	[vérɔvanie]
geloven (ww)	верить (нсв, пх)	[vériti]
gelovige (de)	верующий (м)	[vérujuʃij]

atheïsme (het)	атеизм (м)	[atɛízm]
atheïst (de)	атеист (м)	[atɛíst]

christendom (het)	христианство (с)	[hristiánstvɔ]
christen (de)	христианин (м)	[hristianín]
christelijk (bn)	христианский	[hristiánskij]

katholicisme (het)	Католицизм (м)	[katɔlitsízm]
katholiek (de)	католик (м)	[katólik]
katholiek (bn)	католический	[katɔlítʃeskij]

protestantisme (het)	Протестантство (с)	[prɔtestántstvɔ]
Protestante Kerk (de)	Протестантская церковь (ж)	[prɔtestánskaja tsǽrkɔfi]
protestant (de)	протестант (м)	[prɔtestánt]

orthodoxie (de)	Православие (с)	[pravɔslávie]
Orthodoxe Kerk (de)	Православная церковь (ж)	[pravɔslávnaja tsǽrkɔfi]
orthodox	православный (м)	[pravɔslávnij]

presbyterianisme (het)	Пресвитерианство (с)	[presviteriánstvɔ]
Presbyteriaanse Kerk (de)	Пресвитерианская церковь (ж)	[presviteriánskaja tsǽrkɔfi]
presbyteriaan (de)	пресвитерианин (м)	[presviteriánin]

lutheranisme (het)	Лютеранская церковь (ж)	[lʲuteránskaja tsǽrkɔfi]
lutheraan (de)	лютеранин (м)	[lʲuteránin]

baptisme (het)	Баптизм (м)	[baptízm]
baptist (de)	баптист (м)	[baptíst]

Anglicaanse Kerk (de)	Англиканская церковь (ж)	[anglikánskaja tsǽrkɔfi]
anglicaan (de)	англиканин (м)	[anglikánin]

| mormonisme (het) | Мормонство (с) | [mɔrmónstvɔ] |
| mormoon (de) | мормон (м) | [mɔrmón] |

| Jodendom (het) | Иудаизм (м) | [iudaízm] |
| jood (aanhanger van het Jodendom) | иудей (м) | [iudéj] |

| boeddhisme (het) | Буддизм (м) | [budízm] |
| boeddhist (de) | буддист (м) | [budíst] |

| hindoeïsme (het) | Индуизм (м) | [induízm] |
| hindoe (de) | индуист (м) | [induíst] |

islam (de)	Ислам (м)	[islám]
islamiet (de)	мусульманин (м)	[musulʲmánin]
islamitisch (bn)	мусульманский	[musulʲmánskij]

| sjiisme (het) | Шиизм (м) | [ʃiízm] |
| sjiiet (de) | шиит (м) | [ʃiít] |

| soennisme (het) | Суннизм (м) | [sunízm] |
| soenniet (de) | суннит (м) | [sunít] |

196. Religies. Priesters

| priester (de) | священник (м) | [svɪʃénik] |
| paus (de) | Папа Римский (м) | [pápa rímskij] |

monnik (de)	монах (м)	[mɔnáh]
non (de)	монахиня (ж)	[mɔnáhinʲa]
pastoor (de)	пастор (м)	[pástɔr]

abt (de)	аббат (м)	[abát]
vicaris (de)	викарий (м)	[vikárij]
bisschop (de)	епископ (м)	[epískɔp]
kardinaal (de)	кардинал (м)	[kardinál]

predikant (de)	проповедник (м)	[prɔpɔvédnik]
preek (de)	проповедь (ж)	[própɔvetʲ]
kerkgangers (mv.)	прихожане (мн)	[prihɔʒáne]

| gelovige (de) | верующий (м) | [vérujuʃij] |
| atheïst (de) | атеист (м) | [atɛíst] |

197. Geloof. Christendom. Islam

| Adam | Адам (м) | [adám] |
| Eva | Ева (ж) | [éva] |

God (de)	Бог (м)	[bóh]
Heer (de)	Господь (м)	[gɔspótʲ]
Almachtige (de)	Всемогущий (м)	[fsemɔgúʃij]

zonde (de)	грех (м)	[gréh]
zondigen (ww)	грешить (нсв, нпх)	[greʃitʲ]
zondaar (de)	грешник (м)	[gréʃnik]
zondares (de)	грешница (ж)	[gréʃnitsa]

hel (de)	ад (м)	[ád]
paradijs (het)	рай (м)	[ráj]

Jezus	Иисус (м)	[iisús]
Jezus Christus	Иисус Христос (м)	[iisús hristós]

Heilige Geest (de)	Святой Дух (м)	[svitój dúh]
Verlosser (de)	Спаситель (м)	[spasítelʲ]
Maagd Maria (de)	Богородица (ж)	[bɔɡɔróditsa]

duivel (de)	Дьявол (п)	[djávɔl]
duivels (bn)	дьявольский	[djávɔlʲskij]
Satan	Сатана (ж)	[sataná]
satanisch (bn)	сатанинский	[satanínskij]

engel (de)	ангел (м)	[ángel]
beschermengel (de)	ангел-хранитель (м)	[ángel-hranítelʲ]
engelachtig (bn)	ангельский	[ángelʲskij]

apostel (de)	апостол (м)	[apóstɔl]
aartsengel (de)	архангел (м	[arhángel]
antichrist (de)	антихрист (м)	[antíhrist]

Kerk (de)	Церковь (ж)	[tsǽrkɔfʲ]
bijbel (de)	библия (ж)	[bíblija]
bijbels (bn)	библейский	[bibléjskij]

Oude Testament (het)	Ветхий Завет (м)	[vétxij zavét]
Nieuwe Testament (het)	Новый Завет (м)	[nóvij zavét]
evangelie (het)	Евангелие (с)	[evángelie]
Heilige Schrift (de)	Священное Писание (с)	[sviʃénɔe pisánie]
Hemel, Hemelrijk (de)	Царство (с) Небесное	[tsárstvɔ nebésnɔe]

gebod (het)	заповедь (ж)	[zápɔvetʲ]
profeet (de)	пророк (м)	[prɔrók]
profetie (de)	пророчество (с)	[prɔrótʃestvɔ]

Allah	Аллах (м)	[aláh]
Mohammed	Мухаммед (м)	[muhámmed]
Koran (de)	Коран (м)	[kɔrán]

moskee (de)	мечеть (ж)	[metʃétʲ]
moellah (de)	мулла (ж)	[mulá]
gebed (het)	молитва (ж)	[mɔlítva]
bidden (ww)	молиться (нсв, возв)	[mɔlítsa]

pelgrimstocht (de)	паломничество (с)	[palómnitʃestvɔ]
pelgrim (de)	паломник (м)	[palómnik]
Mekka	Мекка (ж)	[mékka]
kerk (de)	церковь (ж)	[tsǽrkɔfʲ]
tempel (de)	храм (м)	[hrám]

kathedraal (de)	собор (м)	[sobór]
gotisch (bn)	готический	[gotítʃeskij]
synagoge (de)	синагога (ж)	[sinagóga]
moskee (de)	мечеть (ж)	[metʃétʲ]

kapel (de)	часовня (ж)	[tʃasóvnʲa]
abdij (de)	аббатство (с)	[abátstvo]
nonnenklooster (het)	монастырь (м)	[monastírʲ]
mannenklooster (het)	монастырь (м)	[monastírʲ]

klok (de)	колокол (м)	[kólokol]
klokkentoren (de)	колокольня (ж)	[kolokólʲnʲa]
luiden (klokken)	звонить (нсв, нпх)	[zvonítʲ]

kruis (het)	крест (м)	[krést]
koepel (de)	купол (м)	[kúpol]
icoon (de)	икона (ж)	[ikóna]

ziel (de)	душа (ж)	[duʃá]
lot, noodlot (het)	судьба (ж)	[sutʲbá]
kwaad (het)	зло (с)	[zló]
goed (het)	добро (с)	[dobró]

vampier (de)	вампир (м)	[vampír]
heks (de)	ведьма (ж)	[védʲma]
demoon (de)	демон (м)	[démon]
geest (de)	дух (м)	[dúh]

| verzoeningsleer (de) | искупление (с) | [iskuplénie] |
| vrijkopen (ww) | искупить (св, пх) | [iskupítʲ] |

mis (de)	служба (ж)	[slúʒba]
de mis opdragen	служить (нсв, нпх)	[sluʒítʲ]
biecht (de)	исповедь (ж)	[íspovetʲ]
biechten (ww)	исповедоваться (н/св, возв)	[ispovédovatsa]

heilige (de)	святой (м)	[svɪtój]
heilig (bn)	священный	[svɪʃénij]
wijwater (het)	святая вода (ж)	[svɪtája vodá]

ritueel (het)	ритуал (м)	[rituál]
ritueel (bn)	ритуальный	[rituálʲnij]
offerande (de)	жертвоприношение (с)	[ʒértvo·prinoʃǽnie]

bijgeloof (het)	суеверие (с)	[suevérie]
bijgelovig (bn)	суеверный	[suevérnij]
hiernamaals (het)	загробная жизнь (ж)	[zagróbnaja ʒīznʲ]
eeuwige leven (het)	вечная жизнь (ж)	[vétʃnaja ʒīznʲ]

DIVERSEN

achtergrond (de)	фон (м)	[fón]
balans (de)	баланс (м)	[baláns]
basis (de)	база (ж)	[báza]
begin (het)	начало (с)	[natʃálɔ]
beurt (wie is aan de ~?)	очередь (ж)	[ótʃeretʲ]
categorie (de)	категория (ж)	[kategórija]
comfortabel (~ bed, enz.)	удобный	[udóbnij]
compensatie (de)	компенсация (ж)	[kɔmpensátsija]
deel (gedeelte)	часть (ж)	[tʃástʲ]
deeltje (het)	частица (ж)	[tʃastítsa]
ding (object, voorwerp)	вещь (ж)	[véʃ]
dringend (bn, urgent)	срочный	[srótʃnij]
dringend (bw, met spoed)	срочно	[srótʃnɔ]
effect (het)	эффект (м)	[ɛfékt]
eigenschap (kwaliteit)	свойство (с)	[svójstvɔ]
einde (het)	окончание (с)	[ɔkɔntʃánie]
element (het)	элемент (м)	[ɛlemént]
feit (het)	факт (м)	[fákt]
fout (de)	ошибка (ж)	[ɔʃípka]
geheim (het)	тайна (ж)	[tájna]
graad (mate)	степень (ж)	[stépenʲ]
groei (ontwikkeling)	рост (м)	[róst]
hindernis (de)	преграда (ж)	[pregráda]
hinderpaal (de)	препятствие (с)	[prepʲátstvie]
hulp (de)	помощь (ж)	[pómɔʃ]
ideaal (het)	идеал (м)	[ideál]
inspanning (de)	усилие (с)	[usílie]
keuze (een grote ~)	выбор (м)	[vībɔr]
labyrint (het)	лабиринт (м)	[labirínt]
manier (de)	способ (м)	[spósɔb]
moment (het)	момент (м)	[mɔmént]
nut (bruikbaarheid)	польза (ж)	[pólʲza]
onderscheid (het)	различие (с)	[razlítʃie]
ontwikkeling (de)	развитие (с)	[razvítie]
oplossing (de)	решение (с)	[reʃǽnie]
origineel (het)	оригинал (м)	[originál]
pauze (de)	пауза (ж)	[páuza]
positie (de)	позиция (ж)	[pozítsija]
principe (het)	принцип (м)	[príntsip]

probleem (het)	проблема (ж)	[prɔbléma]
proces (het)	процесс (м)	[prɔtsǽs]
reactie (de)	реакция (ж)	[reáktsija]

reden (om ~ van)	причина (ж)	[pritʃína]
risico (het)	риск (м)	[rísk]
samenvallen (het)	совпадение (c)	[sɔfpadénie]
serie (de)	серия (ж)	[sérija]

situatie (de)	ситуация (ж)	[situátsija]
soort (bijv. ~ sport)	вид (м)	[víd]
standaard (bn)	стандартный	[standártnij]
standaard (de)	стандарт (м)	[standárt]
stijl (de)	стиль (м)	[stílʲ]

stop (korte onderbreking)	остановка (ж)	[ɔstanófka]
systeem (het)	система (ж)	[sistéma]
tabel (bijv. ~ van Mendelejev)	таблица (ж)	[tablítsa]
tempo (langzaam ~)	темп (м)	[tǽmp]
term (medische ~en)	термин (м)	[términ]

type (soort)	тип (м)	[típ]
variant (de)	вариант (м)	[variánt]
veelvuldig (bn)	частый	[tʃástij]
vergelijking (de)	сравнение (c)	[sravnénie]
voorbeeld (het goede ~)	пример (м)	[primér]

voortgang (de)	прогресс (м)	[prɔgrǽs]
voorwerp (ding)	объект (м)	[ɔbjékt]
vorm (uiterlijke ~)	форма (ж)	[fórma]
waarheid (de)	истина (ж)	[ístina]
zone (de)	зона (ж)	[zóna]